FILOSOFÍA POLÍTICA
UNA GUÍA ILUSTRADA

Dave Robinson
Judy Groves

FILOSOFÍA POLÍTICA
UNA GUÍA ILUSTRADA

Traducción de Lucas Álvarez Canga

tecnos

Título original: *Introducing Political Philosophy: A Graphic Guide*

© Esta edición ha sido publicada en el Reino Unido y USA en 2011 por Icon Books Ltd. (previamente publicada en 2003 y 2006).

Diseño de cubierta:
Carlos Lasarte

Reservados todos los derechos. El contenido de esta obra está protegido por la Ley, que establece penas de prisión y/o multas, además de las correspondientes indemnizaciones por daños y perjuicios, para quienes reprodujeren, plagiaren, distribuyeren o comunicaren públicamente, en todo o en parte, una obra literaria, artística o científica, o su transformación, interpretación o ejecución artística fijada en cualquier tipo de soporte o comunicada a través de cualquier medio, sin la preceptiva autorización.

© Icon Books, Ltd, 2011
© Del texto (Dave Robinson), ICON BOOKS LTD, 2012
© De las ilustraciones (Judy Groves), ICON BOOKS LTD, 2012
© De la traducción, LUCAS ÁLVAREZ CANGA, 2021
© De la edición española, EDITORIAL TECNOS
(GRUPO ANAYA, S.A.), 2021
Juan Ignacio Luca de Tena, 15 - 28027 Madrid

ISBN: 978-84-309-8202-8
Depósito Legal: M-28.121-2021

Printed in Spain

Índice

Preguntas	11
Vuelta a los fundamentos	12
Comunidades naturales	13
La sociedad y el Estado	14
¿Qué es la filosofía política?	15
Los orígenes en la Antigua Grecia	16
La ciudad-Estado de Atenas	17
Los deberes de los ciudadanos	18
Democracia directa	19
Hacer preguntas	20
Los sofistas	21
La visión de la sociedad de Glaucón	22
Colmenas y obreros	23
La forma pura del Estado	24
El gobierno de los expertos	25
Conocimiento relativo	26
La nave de los locos	27
¿Es, aun así, la democracia lo mejor?	28
Aristóteles y la teleología	29
El hombre «bueno» y el ciudadano	30
Razón pragmática	31
La política de Aristóteles	32
Igualdad económica	33
La naturaleza humana y sus creencias	34
¿Qué son las ideologías?	35
La ideología del esencialismo	36
¿Cómo de libres somos?	37
Los efectos de la evolución	38
¿Qué prueba la evolución?	39
Los humanos como cooperadores egoístas	40
Teoría de juegos	41
Cooperantes o competidores	42
¿Quién tiene razón sobre la naturaleza humana?	43
¿Vida sin gobiernos?	44

7

La política después de Aristóteles	45
Los antiguos anarquistas	46
Los estoicos romanos y los primeros cristianos	47
El dualismo cristiano	48
La Ciudad de Dios de San Agustín	49
La teología de Santo Tomás de Aquino	50
La ley «natural»	51
El Renacimiento	52
El Príncipe de Maquiavelo	53
La moralidad del Estado	54
¿Cínico o realista?	55
Hobbes y Cromwell	56
La ciencia del hombre	57
Egoístas psicológicos	58
El estado de naturaleza	59
El dilema del prisionero	60
La escapatoria	61
Coerción exigible	62
Poder soberano	63
Monarquías absolutas	64
Problemas que plantea la posición hobbesiana	65
El egoísmo natural	66
John Locke	67
Otro estado de naturaleza	68
Las leyes naturales de Locke	69
Definición de propiedad	70
El derecho a la desigualdad	71
El problema de las vendettas	72
Las ventajas de la sociedad	73
El derecho divino	74
Los gobiernos y los ciudadanos	75
Gobierno mínimo	76
Cambio de gobierno	77
Rebeldes y regímenes	78
Separación de poderes	79
¿Quién puede votar?	80
Consentimiento o sumisión	81
La crítica de Hume	82
La filosofía política de Rousseau	83
La civilización y la naturaleza humana	84
El estado de naturaleza presocial	85
La propiedad y la ley	86
La educación natural	87

La libertad y la sociedad 88
La asamblea 89
La voluntad general 90
Los ciudadanos perfectos y los descarriados 91
El contrato y el legislador 92
La política como ética 93
Córcega y Polonia 94
Moralidad de Estado 95
La Revolución francesa 96
El nacimiento del socialismo francés 98
¿Qué es el socialismo? 99
La armonía universal de Charles Fourier 100
El socialismo utópico de Owen 101
Democracias a pequeña escala 102
Anarquismo 103
¿Libertad sin propiedad? 104
La moralidad social anarquista 105
La filosofía política de Hegel 106
La filosofía del Derecho 107
Los ciudadanos y el Estado orgánico 109
La Constitución 110
El Estado todopoderoso 111
La metafísica de Hegel 112
La dialéctica 113
La libertad racional y el progreso 114
La crítica del Estado de Hegel 116
El conservadurismo de Edmund Burke 118
Los derechos del hombre de Paine 120
La cuestión de los derechos humanos 121
Derecha e izquierda hegelianas 122
Determinismo económico 123
La inevitabilidad del capitalismo 124
Capitalistas malvados 125
Trabajo muerto 126
La función de las ideologías 127
El espectro del comunismo 128
El futuro radiante 129
¿Hecho o profecía? 130
La clase y el Estado 131
Una sociedad sin Estado 132
La revolución aplazada 133
Desarrollos del marxismo 134
La teoría de la hegemonía de Gramsci 136

Nuestra ideología política 137
Los orígenes del liberalismo 138
El mercado 139
Libre empresa e igualdad 140
Contratos, constituciones y tolerancia 141
¿Para qué sirve votar? 142
El problema de la distribución 143
El utilitarismo de Bentham 144
Una ciencia de la moral 146
El mercado de la libre empresa 147
Calculando las consecuencias 148
Útil para la política gubernamental 149
Los puntos oscuros del utilitarismo 150
La respuesta utilitarista de Mill 151
Calificar a la mayoría 152
Los instruidos deben ser nuestros representantes 153
En defensa de la democracia 154
El utilitarismo moderno 155
Derechos e intereses de la minoría 156
Distribución e igualdad 157
La filosofía política de Nozick 158
Igualdad de oportunidades 159
El Estado mínimo 160
El experimento mental de Rawls 162
La sociedad rawlsiana 164
Estados totalitarios 166
¿Son culpables los filósofos? 168
¿Es una sociedad pluralista lo mejor? 169
Los límites de la libertad 170
¿Por qué debemos obedecer? 172
Aristotélicos comunitarios 173
Política posmoderna 174
Conocimiento y poder 175
Política medioambiental 176
Política feminista 178
Consumidores y ciudadanos 180
Democracia por elección 181

Para seguir leyendo 183
Sobre el autor y el artista 185
Agradecimientos 187
Índice de nombres y conceptos 189

Preguntas

Los filósofos políticos se hacen preguntas sobre los individuos, las comunidades, la sociedad, la ley, el poder político, el Estado, y sobre cómo se relacionan todos ellos.

➤ ¿Es posible o deseable decir «qué son realmente» los seres humanos?

➤ ¿Qué es la sociedad? ¿Es algo más que la gente que vive en ella? ¿O tenía razón la primera ministra británica Thatcher al decir «No hay una cosa tal que sea la sociedad»?

➤ ¿Qué es el Estado? ¿Es un constructo artificial o algo que ha evolucionado naturalmente?

➤ ¿Cuán libres puede permitir el Estado que sean los ciudadanos individuales? ¿Hay buenas razones morales por las que los ciudadanos estén obligados a obedecer la ley? ¿Hasta qué punto tiene derecho el Estado a castigar a aquellos que desobedecen sus órdenes? —¿quién les da el poder? ¿legitimización?

➤ ¿Es la democracia la mejor forma de gobierno?

➤ ¿Debería estar el Estado interesado en promover la igualdad económica? Si es así, ¿debería permitírsele interferir en la propiedad privada de otra gente?

¿NECESITAMOS SIQUIERA GOBIERNOS?

Vuelta a los fundamentos

Muchos filósofos políticos comienzan sus análisis concentrándose en los individuos. Después de todo, las sociedades y los estados están constituidos en primer lugar por individuos, y los gobiernos deben venir después. ¿Son simplemente las instituciones políticas el resultado final de los intentos por cubrir las necesidades esenciales y universales de los individuos? Pero ¿qué pasa si no tenemos un conocimiento real de las necesidades y propósitos de los seres humanos? Además, cuando nacemos ¿no somos simplemente arrojados en una sociedad equipados con todas las capacidades que nos hacen humanos?

> No hay duda de que la sociedad nos conforma.

> Incluso nuestros pensamientos más «privados» derivan de recursos lingüísticos que no son nuestros.

> Pero incluso, aunque todos nosotros podríamos ser «productos sociales, ninguno de nosotros nos sentimos como simples robots.

> Paradójicamente, estamos hechos por algo respecto de lo que sentimos que tenemos el derecho (y el deber) de cuestionar.

Comunidades naturales

La palabra «comunidad» sugiere algo inmediato, local y encomiable. Los filósofos políticos piensan en las comunidades como grupos pequeños de personas que comparten valores comunes que disfrutan de la solidaridad con poca necesidad de leyes o de cadenas jerárquicas de mando.

La existencia de comunidades sugiere que los seres humanos pueden ser sociales sin la necesidad de estar «políticamente gobernados».

Entonces, ¿qué es la «sociedad»?

Las sociedades son más grandes que las comunidades y se mantienen unidas por complejos sistemas de leyes, costumbres e instituciones.

Los filósofos políticos del siglo XVII distinguían entre asociaciones libres de individuos (**sociedades**, tal vez establecidas mediante alguna forma de «contrato» entre los individuos) y los **Estados**, que están constituidos por estructuras de poder jerárquicas específicas y la amenaza de coerción.

La sociedad y el Estado

¿Es posible que todos nosotros seamos «animales sociales» pero no necesariamente políticos? ¿Dónde está la evidencia a favor de sociedades no políticas? ¿O es esto una fantasía idealista? Algunos filósofos creen que las distinciones entre sociedades y Estado solo nos conducen a la confusión. Las sociedades solo pueden existir si son políticas. El poder (y quien lo **posee**) son características de la vida humana que nunca desaparecen.

jerarquía natural

> El «Estado» es definido como un área de territorio con un sistema legal organizado y un gobierno que tiene un monopolio «legítimo» de la fuerza sobre sus ciudadanos.

> Los estados modernos tienen una autoridad enorme y a menudo intrusiva...

> Por eso los filósofos redefinen sin cesar términos como «consentimiento», «autoridad» y «obligación».

¿Qué es la filosofía política?

La mayoría de los filósofos políticos modernos aceptan que los enunciados morales y políticos no tienen un estatus factual o lógico. Por lo tanto, es imposible prescribir lo que los Estados deberían ser o definir cuáles tendrían que ser nuestras relaciones con ellos. Debe descartarse el que se puedan proporcionar respuestas definitivas a los problemas políticos.

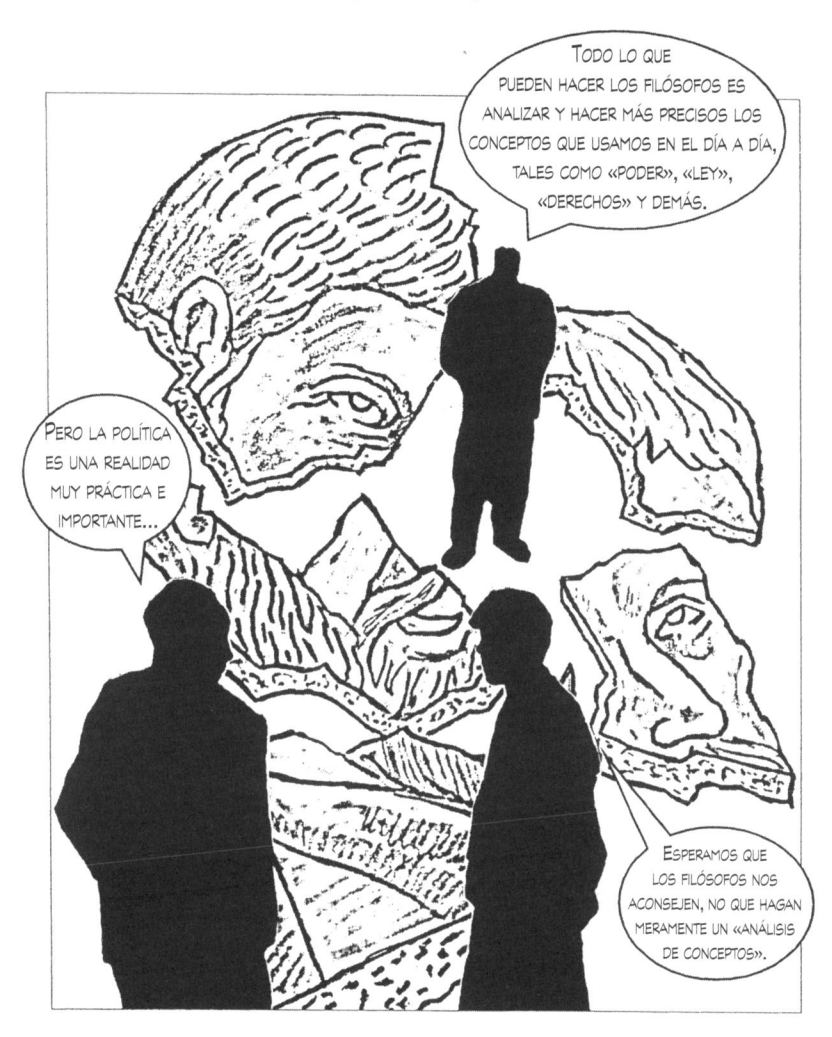

Todo lo que pueden hacer los filósofos es analizar y hacer más precisos los conceptos que usamos en el día a día, tales como «poder», «ley», «derechos» y demás.

Pero la política es una realidad muy práctica e importante...

Esperamos que los filósofos nos aconsejen, no que hagan meramente un «análisis de conceptos».

Pero la filosofía política es tan ideológica como cualquier otro tipo de discurso. Aceptamos de ella lo que concuerda con nuestras creencias y valores centrales. Por eso todos los conceptos políticos son siempre «esencialmente comparativos».

Los orígenes en la Antigua Grecia

El primer pueblo en escribir sobre filosofía política fueron los antiguos griegos. Para comenzar, eran tribus seminómadas «sin Estado» que finalmente se asentaron a lo largo de todas las regiones costeras del Egeo y el Mediterráneo.

> ÉRAMOS GUERREROS GOBERNADOS POR CAUDILLOS.

> TENÍAMOS EN ALTA ESTIMA LA CAMARADERÍA, LA LEALTAD Y EL VALOR.

> DIFERENTES TRIBUS GUERRERAS SE ASOCIARON EN UNIDADES MAYORES CON EL OBJETIVO DE DEFENDERSE Y GRADUALMENTE ESTABLECIERON «CIUDADES-ESTADO» COMO ATENAS Y ESPARTA.

La «polis» o ciudad-Estado era normalmente pequeña e independiente, y cada una estaba gobernada por su propio y único sistema de gobierno.

La ciudad-Estado de Atenas

La «polis» más interesante e influyente fue Atenas, que experimentó todo tipo de gobiernos. El poder político había descansado originalmente en las manos de un tipo de aristocracia, similar a un consejo tribal, pero gradualmente el propio cuerpo de los ciudadanos adquirió más y más poder, y finalmente gobernó Atenas entre el 461 y el 322 a. C.

> ATENAS SE HIZO FAMOSA POR SU FORMA ÚNICA DE DEMOCRACIA DIRECTA PARTICIPATIVA.

> PARTICIPABAN EN ELLA TODOS SUS 50.000 CIUDADANOS VARONES ADULTOS.

> ¡PERO NO LAS MUJERES, LOS ESCLAVOS NI LOS FORASTEROS!

Los deberes de los ciudadanos

Ser un «ciudadano» ateniense era una cuestión seria, que involucraba deberes, así como derechos.

> NO DECIMOS QUE UN HOMBRE QUE NO SE INTERESE POR LA POLÍTICA ES UN HOMBRE QUE SE OCUPA DE SUS PROPIOS ASUNTOS, DECIMOS QUE AQUÍ CARECE DE TODA OCUPACIÓN.

> LA ASAMBLEA POPULAR (ESTO ES, EL «GOBIERNO»), CONFORMADA POR LOS CIUDADANOS VARONES ADULTOS, SE REUNÍA A INTERVALOS REGULARES PARA DECIDIR SOBRE ASUNTOS DE ESTADO.

> CON LO QUE ATENAS ESTABA GOBERNADA POR AMATEURS.

La población era lo suficientemente pequeña como para que funcionara este tipo de democracia «pura», y la mayoría de los atenienses parecían haber estado inmensamente orgullosos de su Estado. Se identificaban con él tan completamente que era virtualmente imposible para ninguno de ellos imaginar su vida fuera de él.

Democracia directa

Los atenienses luchaban codo con codo en batalla y eran más «tribales» de lo que somos ahora. Su mundo social y político era muy diferente del nuestro. No eran capaces de percibir al «individuo» como algo separado del «ciudadano» y tenían solo unas muy difusas nociones sobre los derechos privados. La sociedad y el Estado eran indistinguibles.

Para los filósofos e historiadores modernos, este es un gran quebradero de cabeza.

Muchas palabras griegas antiguas son casi imposibles de traducir, al estar tan imbricadas en esta cultura única.

Esto no ha impedido que la mayoría de nosotros tengamos firmes opiniones sobre este antiguo Estado organizado por sus propios ciudadanos.

Algunos, como Rousseau, Hegel y otros «comunitaristas» modernos, piensan que muchos de sus valores y creencias son ejemplares, mientras que los «liberales» albergan importantes dudas sobre sus nociones de la ciudadanía absoluta.

Hacer preguntas

Los filósofos atenienses disfrutaban polemizando. Estaban fascinados por los debates y las ideas, e inventaron la materia que ahora llamamos «filosofía». Esto quiere decir que eran «modernos» porque eran críticos. Rechazaron aceptar explicaciones religiosas o tradicionales para cualquier cosa, y hacían preguntas inquietantemente originales en las que nadie había pensado antes; especialmente sobre la «sociedad», la «moralidad» y la «política» (que deriva de la palabra griega *polis*).

salir de la caja de pensamiento

A MEDIDA QUE SE SUPO MÁS SOBRE LUGARES EXÓTICOS COMO EGIPTO O PERSIA, NOS PREGUNTAMOS CÓMO DE «NATURALES» O «ARTIFICIALES» ERAN LAS SOCIEDADES.

INCLUSO ESPECULAMOS SOBRE CÓMO HABÍA SIDO LA VIDA ANTES DE QUE COMENZARA LA «SOCIEDAD».

LOS ATENIENSES COMENZARON A PENSAR EN SÍ MISMOS COMO INDIVIDUOS, ASÍ COMO SERES SOCIALES; DE ESTE MODO ESTABA NACIENDO LA FILOSOFÍA POLÍTICA.

HERODOTO (465-424 A. C.)

PROTÁGORAS (490-420 A. C.)

Los sofistas

Platón (ca. 428-347 a. C.) fue el primer filósofo que dejó testimonio de muchas de estas discusiones teóricas sobre política. En su libro *La República*, Sócrates, el viejo profesor y amigo de Platón, discute sobre la verdadera naturaleza de la «justicia» con sus amigos filósofos sofistas (esta palabra, «justicia», imbricada en la cultura griega, significa algo así como «comportarse como debieras»). Los sofistas eran pensadores itinerantes radicales que vendían sus servicios como tutores a familias adineradas y se especializaban en enseñar retórica.

El sofista Trasímaco comienza insistiendo en que todos los gobiernos son fraudulentos.

Todo tipo de gobierno aprueba leyes que se conforman a sus propios intereses: la democracia, leyes democráticas; la tiranía, tiránicas; y así sucesivamente. El «derecho» es simplemente el interés del gobierno establecido.

En otras palabras, todos los gobiernos que proclaman que existe un derecho «natural» a gobernar están siempre disfrazando el hecho de que gobiernan en interés de un grupo particular.

PLATÓN   SÓCRATES   TRASÍMACO

La visión de la sociedad de Glaucón

Otro sofista, **Glaucón**, insiste en que la sociedad existe solo porque el comportamiento humano tiene que estar siempre restringido por la ley.

> Sin leyes, los seres humanos siempre recaen en el barbarismo, y así todos sufren.

> El único remedio es que todos acuerden **contractualmente** obedecer algunas pocas leyes morales obligatorias.

> Con lo que son leyes artificiales, y no instintos cooperativos, lo que constituye las sociedades.

La mayoría de los sofistas insistieron en que la moralidad, la sociedad, el Estado y los gobiernos son siempre las creaciones artificiales de seres humanos: en ellos no hay en absoluto nada «natural» u «orgánico».

Colmenas y obreros

Platón rechazaba este escepticismo subversivo. Tanto la sociedad como el Estado son naturales, inevitables y benignos. Su portavoz «Sócrates» raramente se enzarza en un debate real, pero recalca constantemente dos ideas: que gobernar es una **destreza**, y que todos los seres humanos tienen una **función natural** específica y prescrita.

— roles predeterminados, naces al rol

> ¡ALGUNAS PERSONAS SIMPLEMENTE HAN NACIDO PARA SER GOBERNANTES, ¡Y EL RESTO DEBEMOS CONTINUAR SIENDO SUS OBEDIENTES TRABAJADORES!

PERICLES

Platón era un comunitarista y su sociedad ideal es como una colmena armoniosa en la que todos conocen su rol, y en esto consiste la «justicia» o «comportarse como uno debiera».

Platón = justicia & orden

La forma pura del Estado

Platón era un aristócrata, con lo que su sociedad ideal jerarquizada de gobernantes natos y trabajadores sumisos no supone una gran sorpresa. Pero su defensa de esta colmena ordenada descansa en algo más que en simple lealtad de clase. Platón estaba completamente convencido de la visión pitagórica de las matemáticas. Los números son «puros»: no están contaminados por el mundo, son independientes de los deseos humanos, eternos, incorruptibles y siempre verdaderos. 2+2 serán siempre igual a 4, independientemente de si existen los seres humanos o no.

> TODO EL CONOCIMIENTO REAL TIENE QUE SER COMO LOS NÚMEROS: PERMANENTE Y TRANSCENDENTE.

> TODO LO QUE VEMOS A NUESTRO ALREDEDOR SON DÉBILES Y EFÍMERAS «COPIAS» DE LAS «FORMAS» MÁS REALES, MISTERIOSAMENTE CODIFICADAS EN EL UNIVERSO Y EN LAS MENTES HUMANAS.

El gobierno de los expertos

La metafísica idealista de Platón de las «formas puras» es el resultado de una serie completa de confusiones lingüísticas. Pues la posición de Platón implicaba que también tenía que haber una «forma» perfecta para «el Estado». Su *República* está enormemente preocupada por la educación de los gobernantes del Estado llamados «los guardianes»: un grupo de élite de expertos políticos que conocen todo lo que hay que conocer sobre «el Estado perfecto», compuesto por una jerarquía de metales.

Los guardianes de «oro» gobiernan sobre todos los demás.

Hay administradores de «plata».

Y, por debajo de ellos, trabajadores de «bronce» y «hierro» que aceptarán de buen grado su lugar en nuestro estable, autoperpetuante y perfecto Estado.

Esta visión de una «sociedad de mandos» altamente disciplinada ha atraído siempre a aquellos cuyos instintos políticos son autoritarios. La república ideal de Platón ha sido condenada por su incipiente totalitarismo y alabada por su celebración de valores comunitarios, en más o menos igual medida.

Conocimiento relativo

En la actualidad, pensamos que el conocimiento humano es intrínsicamente falible y relativo. Lo que hoy nos parece «verdadero» sobre los planetas y las estrellas probablemente nos parecerá mayoritariamente «falso» dentro de unos pocos años. Los ciudadanos del futuro puede que se sorprendan con las creencias políticas que mantenemos hoy día. Los filósofos consideran ahora altamente improbable que existan cosas tales como «hechos» morales o políticos, por no hablar de «formas» misteriosas transcendentes.

Así, Protágoras el sofista probablemente estuviera en lo cierto al insistir en que los *amateurs* de la propia Atenas democrática de Platón tenían tanto derecho a gobernar como cualquier otro.

La nave de los locos

Platón tenía una aversión incurable hacia el gobierno democrático ateniense que había sentenciado a muerte a su mentor, Sócrates, en el año 399 a. C. En *La República* compara la democracia con un barco con una tripulación amotinada.

> EL CAPITÁN DEL BARCO ESTÁ ENCERRADO, EL PILOTO IGNORADO, Y LA TRIPULACIÓN SOLO TIENE OÍDOS PARA LAS NECIAS PALABRAS DE SU LÍDER REBELDE DEMAGOGO QUE SIMPLEMENTE LES PROMETE TODO LO QUE QUIEREN.

> ¡VAMOS AMIGOS, EMPRENDAMOS UN CRUCERO DE PLACER!

Pero su líder no tiene conocimiento de navegación, el barco se dirige contra las rocas y todos se ahogan. La democracia, en otras palabras, es el liderazgo de los estúpidos, que hacen a los ignorantes promesas irrealizables, y que siempre desemboca en el desastre.

¿Es, aun así, la democracia lo mejor?

Aquellos que se impacientan con las disputas, retrasos, regateos, populismo e ineficiencias generales de la democracia, a menudo se han sentido atraídos por la idea del gobierno elitista de Platón. Pero la mayoría de nosotros aún pensamos que la democracia es una buena idea y que es preferible a todas las demás ideologías políticas disponibles. Las analogías de Platón son también engañosas.

¡Nosotros los ciudadanos democráticos somos los dueños del barco y no meramente su «tripulación»!

¡Deberíamos tener algo que decir sobre este viaje hecho por nuestro barco-Estado!

Los debates políticos informados son normalmente preferibles a las monolíticas certezas impuestas desde arriba.

Una verdadera prueba de una sociedad políticamente saludable puede ser que sus ciudadanos formados participen del debate en lugar de que obedezcan órdenes pasivamente. Las democracias también permiten a los ciudadanos deshacerse de gobiernos corruptos e incompetentes, sin necesidad de una revolución violenta o una guerra civil. Pero si uno piensa que los votantes se han convertido en consumidores sin control influenciados por miembros astutos, o siente que los políticos son ahora simplemente un grupo de populistas dirigidos por grupos particulares, entonces puede que merezca la pena pensar sobre los ataques de Platón a la democracia.

Aristóteles y la teleología

El estudiante más famoso de Platón fue **Aristóteles** (384-322 a. C.), un filósofo de mentalidad independiente que estaba en desacuerdo con la mayoría de lo que Platón le enseñó. Como la mayoría de los griegos antiguos, creía en las causas «teleológicas» o «finales».

> TODO EN EL UNIVERSO ESTÁ DISEÑADO PARA UNA FUNCIÓN ESPECÍFICA.

ASÍ, PARA LOS GRIEGOS, LA PALABRA «BUENO» QUIERE DECIR ALGO COMO «CUMPLIR SU FINALIDAD».

PUEDE PARECER QUE LAS COSAS ORGÁNICAS TIENEN UN PROPÓSITO: UN «BUEN» ROBLE ES ALTO Y FUERTE Y UN «BUEN» GATO ES UN EFICIENTE CAZADOR DE RATONES.

Los darwinistas piensan hoy día que esta es la forma incorrecta de pensar sobre los objetos naturales y las causas. Puede **parecer** que los objetos naturales están perfectamente diseñados, pero esto es así porque han evolucionado en esa dirección, no porque haya una causa misteriosa impulsándolos hacia la perfección. Si su entorno cambia, causaría o les «empujaría» a cambiar, so pena de enfrentarse a la extinción.

El hombre «bueno» y el ciudadano

Pero, para Aristóteles, esta biología teleológica integral tenía perfecto sentido. Significaba que los seres humanos solo podrían ser «buenos» o felices si «florecían». Así, la política necesita ser una consecuencia de la **naturaleza humana**. Todos aceptan que hay criterios claros que podemos utilizar para juzgar si ciertos tipos de gente cualificada como los carpinteros y los zapateros tienen éxito.

> Así, ¿es verosímil que los ebanistas y los zapateros tengan ciertas funciones, mientras que el hombre como tal no tenga ninguna, y la naturaleza le haya dejado como un ser sin función?

> ¿Cuál es nuestra gran función universal como seres humanos?

> No puede ser la mera supervivencia.

Al examinar a sus congéneres humanos y a sí mismo, Aristóteles concluyó que una cosa que nos hace completamente diferentes del resto del mundo natural es nuestra capacidad para **razonar**. Eso es lo que debemos cultivar si queremos alcanzar nuestro destino innato.

Razón pragmática

Un «buen» ser humano (o que funciona correctamente) es aquel que reacciona apropiadamente («racionalmente») ante toda situación, usualmente evitando los extremos en su comportamiento.

> LA FUNCIÓN DE UN HOMBRE ES EL EJERCICIO DE SU ALMA, DE ACUERDO CON UN PRINCIPIO RACIONAL. LA FUNCIÓN DE UN HOMBRE BUENO ES EJERCITAR BIEN TAL CAPACIDAD.

> LAS MEJORES SOCIEDADES Y ESTADOS SON, POR TANTO, LOS «RACIONALES» Y «MODERADOS» QUE FOMENTAN UN ESPÍRITU COLECTIVO DE MUTUA COOPERACIÓN Y RESPETO.

Esto quiere decir que los individuos deben pensar en sí mismos como ciudadanos primero, y participar activamente en la vida política, no simplemente obedecer la ley pasivamente. La filosofía política de Aristóteles no es precisamente algo asombroso, pero evita el utopismo de la *República* de Platón. Si no existen los expertos infalibles, entonces la política tiene que ser algo más bien pragmático.

La política de Aristóteles

En *La Política*, Aristóteles reconoce que la autoridad política tiene que depender, hasta cierto punto, del consentimiento de los gobernados. Dado que diferentes sociedades escogen diferentes tipos de gobierno, puede que no haya un Estado «perfecto». Sin embargo, Aristóteles condenó a las oligarquías (gobierno de los ricos) y las democracias (gobierno de los pobres).

Estoy a favor de una forma de gobierno «aristocrático» liderado por aquellos mejor cualificados, un sistema que llamé «Politeia».

Igualdad económica

Aristóteles creía que la mayoría de los ciudadanos deberían poseer una «riqueza moderada», de modo que la igualdad política no pudiera estar socavada por una desigualdad económica. Desafortunadamente, la mayoría de los atenienses también habrían estado de acuerdo con él en que los esclavos estaban simplemente llevando a cabo su función «natural».

Su función es el uso de sus cuerpos, y nada mejor se puede esperar de ellos. Son esclavos por naturaleza.

Las mujeres tampoco estaban «naturalmente» dotadas para la vida política.

La naturaleza humana y sus creencias

Aristóteles fue el primer filósofo en insistir en que la vida política tiene que fundamentarse sobre alguna explicación descriptiva de la **naturaleza humana**.

Todo necio presume de hablar con autoridad de la naturaleza humana.

Pero hay muchas perspectivas diferentes sobre lo que «realmente son» los seres humanos.

Tu propia perspectiva de la naturaleza humana determinará tus creencias éticas y cómo deberías comportarte hacia otra gente.

Probablemente influirá en tus opiniones políticas sobre cómo debería organizarse la sociedad.

Emma Goldman (1869-1940)

Tus creencias sobre ti mismo y tus congéneres humanos te pueden sugerir el **significado** y el **propósito** de la vida humana, ofrecer un **remedio** para todo lo que está mal en el mundo y también inspirarte con una **visión** de cómo debería ser la sociedad.

Pero tus teorías y «hechos» sobre la naturaleza humana muy probablemente no estarán «libres de valores». Serán un reflejo de tu **ideología**.

¿Qué son las ideologías?

Las ideologías tienen en última instancia una función política. Normalmente son creencias, actitudes y valores usados para legitimar el poder de grupos de interés específicos. También están normalmente implícitas y «naturalizadas», con lo que se mantienen a salvo sin que se las discuta.

> CUANTO MENOS EXAMINADAS ESTÉN, MÁS PODEROSAS TIENDEN A SER.

Esta es la razón por la que mayoría de los occidentales tienden a tener «ideológicamente» una alta estima por los gobiernos democráticos y el capitalismo, de los que creen que son «naturales».

La ideología del esencialismo

La creencia de que realmente **existe** algo llamado «naturaleza humana» es a menudo criticada como «esencialista». Si hay algunas verdades fundamentales sobre lo que la gente «realmente es», entonces tiene sentido decir que estas verdades deberían determinar cómo se organiza la sociedad.

SI, COMO YO, CREES QUE LA MAYORÍA DE LA GENTE ES «ESENCIALMENTE» MALVADA, CREERÁS EN UNA SOCIEDAD REPRESIVA Y ALTAMENTE POLICIAL.

SI YA ESTÁS A FAVOR DE UNA SOCIEDAD AUTORITARIA, ESTA DESCRIPCIÓN PESIMISTA DE LA «ESENCIALMENTE MALVADA» NATURALEZA HUMANA RESULTA UNA BUENA EXCUSA.

¿Cómo de libres somos?

Las teorías sobre la naturaleza humana también hacen surgir cuestiones metafísicas sobre cómo de libres o individuales somos en nuestras creencias y comportamientos. Algunos filósofos sugieren que no tenemos ninguna naturaleza humana esencial, sino que somos más bien como hojas de papel en blanco «escritas» por nuestro entorno social y económico. Los psicólogos evolutivos pueden igualmente ser deterministas cuando insisten en que todos somos productos de nuestra herencia genética.

> Los seres humanos son primates evolucionados que poseen todo tipo de instintos innatos, universales e ineludibles, que determinan cómo y qué piensan.

> El filósofo existencialista Jean-Paul Sartre (1905-1980) tuvo la osadía de insistir en que no existe una «esencia humana» en absoluto...

> Estamos «condenados a la libertad» y somos responsables tanto de cambiarnos a nosotros mismos como a la sociedad.

Los efectos de la evolución

Nuestros cuerpos físicos son el resultado de millones de años de evolución. Los psicólogos evolutivos sugieren que lo mismo es cierto en el caso de la «naturaleza humana». Todos tenemos ciertos instintos innatos y rasgos de comportamiento que son un resultado directo de nuestro pasado evolutivo. Qué «genes de supervivencia» especialmente útiles han favorecido la evolución de los seres humanos; es algo que no está totalmente claro. En algunos animales no humanos, la agresión es claramente un mecanismo útil de supervivencia.

Sin embargo, lo más importante es que, a diferencia de los animales, no estamos atrapados en la rutina de respuestas instintivas irreflexivas. Los seres humanos pueden escoger reprimir sus instintos combativos o cooperativos.

¿Qué prueba la evolución?

Compararnos a nosotros mismos con animales es problemático y potencialmente engañoso porque la ideología se interpone en el camino.

El anarquista **Peter Kropotkin** (1842-1921) creía que la sociedad cooperativa era totalmente «natural». Los ricos industriales victorianos también examinaron la naturaleza, pero llegaron a conclusiones «social-darwinistas» muy diferentes y convenientes.

Las abejas son cooperadoras, con lo que la sociabilidad debe ser el factor principal en todos los procesos evolutivos.

Las luchas económicas y las desigualdades humanas son tan inevitables como todas las «similares» que ocurren en el mundo natural. Es completamente natural que nosotros seamos ricos y ellos pobres.

Entonces, lo que obtienes de la evolución depende de lo que quieras encontrar en ella.

Los humanos como cooperadores egoístas

Parece improbable que los seres humanos hayan sobrevivido luchando constantemente entre ellos. Es igual de probable que los seres humanos hayan evolucionado hasta llegar a ser una especie exitosa porque hayan cooperado entre sí. Aristóteles parece estar acertado al creer que es tan «natural» para los seres humanos, en tanto que seres gregarios, vivir en grupos como lo es para ellos tener diez dedos en los pies.

Así, es muy probable que la mayoría de los individuos se unieran y permanecieran en grupos a la luz de su propio interés: de esta manera, puedes comer con regularidad y obtener protección de los enemigos.

Normalmente, los seres humanos tienen en alta estima valores como la cooperación, la generosidad y la simpatía, y rechazan otros de comportamiento más egoísta. Pero vivir en grupos también puede tener los inconvenientes de la conformidad y la obediencia a la tradición. Comunidades muy unidas pueden reprimir la individualidad, la imaginación y la invención, y peor aún: fomentar la hostilidad hacia aquellos percibidos como «extraños».

Teoría de juegos

Una forma de poner a prueba muchas de estas hipótesis «cooperativas» sobre la naturaleza humana es la llamada «teoría de juegos», que parece mostrar que la gente es normalmente agradable con los demás por razones egoístas. La mejor manera de sobrevivir en un gran número de juegos complejos de ganar o perder es adoptar la estrategia «toma y daca».

Comienzas cooperando con todos y, a continuación, sigues haciendo eso solo si cooperan contigo.

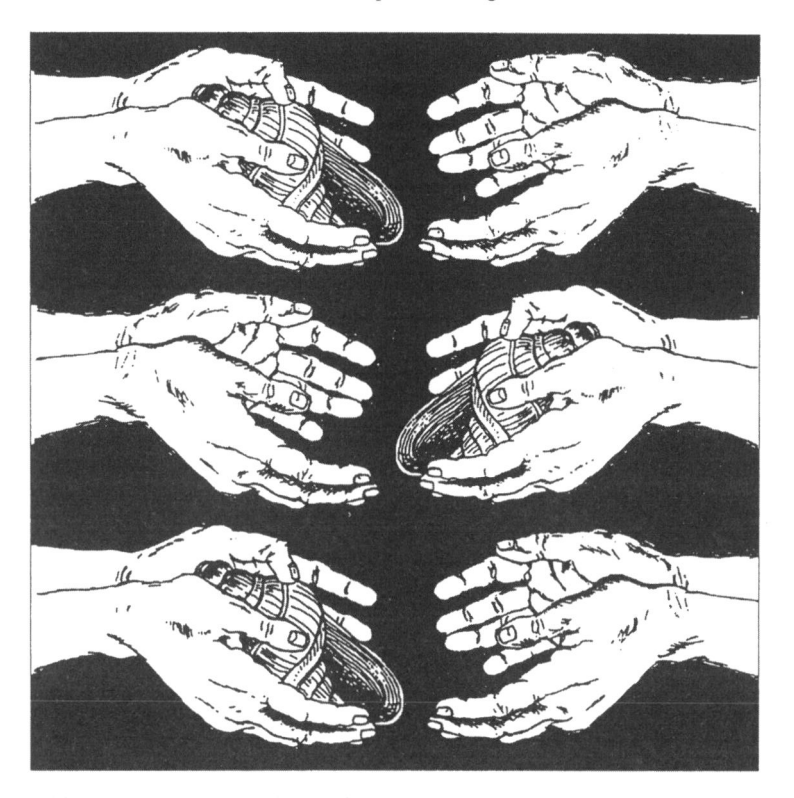

Al establecer una serie de relaciones a largo plazo, estables y repetitivas, puedes acumular «puntos» de una forma relativamente libre de estrés y predecible.

La reciprocidad compensa. Pero la estrategia solo funciona si los juegos se juegan por grupos relativamente pequeños en los que cada «jugador» puede recordar los nombres y el comportamiento anterior de los demás jugadores. Esta puede ser la razón por la que «funcionaba» la democracia ateniense.

Cooperantes o competidores

La psicología evolutiva y la teoría de juegos parecen apuntar hacia ciertas conclusiones que son incómodas para aquellos que sueñan con una sociedad utópica ideal. Los humanos son seres complicados que están bastante preparados para ser benevolentes, pero solo si hay algún tipo de **compensación**.

PUEDE QUE SEAMOS EGOÍSTAS EN EL FONDO, PERO ES ESE MISMO EGOÍSMO EL QUE NOS PROPORCIONA LA MEJOR RAZÓN PARA AYUDAR A OTROS.

PERO EL EGOÍSMO PURO PRODUCE SOLO GANANCIAS A CORTO PLAZO.

UNA SOCIEDAD CAPITALISTA QUE FOMENTA Y CELEBRA LA CODICIA VORAZ INDIVIDUAL PROBABLEMENTE VAYA EN CONTRA DE LO QUE LA PSICOLOGÍA EVOLUTIVA NOS DICE SOBRE NUESTRA NATURALEZA COMO ANIMALES DE GRUPO.

De la misma manera, una sociedad benigna pero grande, que está sobrecargada con demasiado gobierno y burocracias impersonales, puede eliminar de sus millones de miembros anónimos cualquier sentido de autorresponsabilidad o reciprocidad, y destruir cualquier pequeño sentido de comunidad que aún permanezca vivo.

¿Quién tiene razón sobre la naturaleza humana?

La frustrante conclusión es que es muy difícil saber qué «es realmente» la naturaleza humana, y probablemente imposible describirla con algún grado de objetividad.

> ESTAMOS TAN PROFUNDAMENTE INTEGRADOS EN UNA FORMA ESPECÍFICA DE VIDA, TENEMOS CREENCIAS QUE PROBABLEMENTE NO SON NUESTRAS Y PENSAMOS EN UN IDIOMA QUE PUEDE PERFECTAMENTE PREDETERMINAR CÓMO CONCEPTUALIZAMOS NUESTRO MUNDO.

> ES, POR LO TANTO, IGUAL DE DIFÍCIL DECIR SI LAS SOCIEDADES O ESTADOS SON «NATURALES» DE LA FORMA EN QUE ARISTÓTELES PENSABA QUE ERAN.

Probablemente los filósofos políticos estarán siempre en desacuerdo sobre cuán estáticos o dinámicos, racionales o irracionales, perfectibles o corruptos, egoístas o altruistas somos todos nosotros. No está muy claro cómo podremos nunca juzgar quién tiene razón o quién está equivocado sobre esta cuestión.

¿Vida sin gobiernos?

Los Estados puede que tengan poco que ver con los modelos esencialistas de la naturaleza humana. Las sociedades capitalistas pueden ser un desarrollo «natural» de lo que somos, pero pueden ser de forma igualmente probable una aberración artificial basada en un modelo de la naturaleza humana erróneo.

El Estado es una invención relativamente reciente. Pero no hay una respuesta fácil o instantánea. La filosofía política no es una ciencia empírica. Todo lo que puede hacer es clarificar y debatir estos aparentemente insolubles problemas que siempre parecen emerger cada vez que los seres humanos se investigan a sí mismos.

La política después de Aristóteles

Aristóteles era oriundo de Macedonia, y fue una invasión procedente de su patria la que finalmente acabó con las ciudades-Estado griegas. Desapareció un tipo único de filosofía política, que subrayaba la importancia de la vida cívica.

Puesto que serví como tutor del joven Alejandro Magno, en Atenas mi vida estaba en peligro y tuve que huir.

Conquisté virtualmente todo el mundo conocido (a pesar de que mi imperio no duró demasiado).

Los imperios dominaron por largo tiempo el antiguo Oriente Próximo.

De este modo, el imperialismo se convirtió o en una realidad política en Europa, primero con Alejandro y luego con el Imperio Romano durante el siguiente milenio.

Los antiguos anarquistas

Los filósofos que surgieron por todo el mundo helénico y romano (cínicos, escépticos, epicúreos y estoicos) tenían poco tiempo para la filosofía política en un mundo que entonces parecía impredecible y peligroso. El cínico **Antístenes** (ca. 440-ca. 371 a. C.) fue el primer anarquista griego.

No quiero tener nada que ver con los gobiernos, la religión o la propiedad privada.

Yo soy otro cínico, Diógenes (404-323 a. C.), y proclamo ser un «ciudadano del mundo».

Nosotros los escépticos finalmente nos apoderamos de la Academia de Platón, pero teníamos poco interés en la política.

Los epicúreos son lo suficientemente inteligentes como para darse cuenta de que inmiscuirse en las discusiones políticas es extremadamente peligroso...

Recomendamos tener en cuenta que la felicidad humana es algo que nunca podremos encontrar en la vida política.

Los estoicos romanos y los primeros cristianos

Los más famosos filósofos estoicos fueron el romano **Séneca** (2 a. C.-65 d. C.), tutor del infame emperador Nerón, y el emperador **Marco Aurelio** (121-180 d. C.).

> Nuestra filosofía tiene más que decir al individuo privado que al ciudadano.

> La vida buena está en retirarse de la lucha política.

El Imperio romano se desmoronó en la Europa occidental en el siglo v.

Las únicas discusiones civilizadas sobre política tuvieron lugar en el marco de la Iglesia Cristiana, que se estableció como la religión oficial del Imperio Romano por el emperador Constantino alrededor del 320 d. C. La Iglesia dominó toda la vida intelectual hasta el Renacimiento en el siglo xv.

El dualismo cristiano

Los teólogos cristianos medievales eran pesimistas en lo que respecta a la naturaleza humana y, por lo tanto, sobre la posibilidad de cualquier Estado secular perfectible. La cristiandad enseña que somos almas inmortales, atrapadas en cuerpos físicos, cuyo último destino descansa, por tanto, más allá de este plano material. Es un modelo «dualista» muy poderoso de seres humanos.

Esto significa que es imposible tener cualquier conocimiento real de la naturaleza humana...

No porque no exista, sino porque la «naturaleza humana» es una entidad espiritual que ninguna ciencia materialista ni reduccionista podrá definir nunca.

La Ciudad de Dios de San Agustín

San Agustín (354-430 d. C.) vivió en un tiempo en el que la civilización romana se estaba desmoronando. Roma fue saqueada e invadida por los godos en el año 410, y muchos romanos culparon a los cristianos por su aparente falta de interés en la supervivencia del Estado. En su libro *La ciudad de Dios*, Agustín ataca la idea clásica griega de que los seres humanos se «realizan» de alguna manera viviendo en una ciudad-Estado racional.

Los ciudadanos deben obedecer a los gobiernos y luchar en «guerras justas». Pero el verdadero destino de todos los seres humanos está en otro lugar: realmente son «ciudadanos de un reino eterno», más allá de este terrenal.

La teología de Santo Tomás de Aquino

El monje dominico italiano, **Santo Tomás de Aquino** (1225-1274), era algo más optimista con respecto al Estado. En su *Summa Theologiae*, Aquino describe todas las leyes «Naturales» o «Divinas» que gobiernan todo el universo, desde la gravedad hasta la moralidad humana.

> Estoy de acuerdo con Aristóteles. Los cristianos, como todos los seres humanos, son animales sociales y políticos con un deseo de vivir en sociedad.

> El compañerismo de la sociedad es natural para el hombre, de ahí se sigue que debe haber algún principio de gobierno.

Como seres conscientes y racionales, son capaces de concretar qué «leyes naturales» universales se les aplican a ellos mismos (estas tienen que ver mayoritariamente con «abstenerse de hacer daño» y «practicar la reciprocidad»).

Las leyes «positivas» o seculares del Estado se derivan de las leyes naturales. Así, si la ley positiva llega a contradecir a la ley natural, entonces se convierte en inválida y se puede desobedecer.

Un gobernante tiránico puede, por tanto, ser justificadamente rechazado por su gente (a pesar de que el derrocamiento de gobiernos normalmente conduce a un sufrimiento aún mayor).

La ley «natural»

La idea de Aquino de una «Ley Natural» dominó gran parte de la filosofía política del siglo XVII. Hoy en día hacemos distinciones claras entre las «leyes» descriptivas de la naturaleza y las leyes prescriptivas hechas por los hombres.

PENSAMOS QUE HAY UNA DIFERENCIA OBVIA ENTRE ALGUIEN QUE «OBEDECE» LA LEY DE LA GRAVEDAD AL CAER POR UN ACANTILADO...

Y ALGUIEN QUE ESTÁ RELLENANDO UN FORMULARIO PARA OBEDECER LAS LEYES IMPOSITIVAS.

PERO LA FICCIÓN CONSISTENTE EN «LEYES NATURALES» O «DERECHOS» ANTIGUOS PRE-POLÍTICOS EN TANTO QUE ESTABLECIDOS POR DIOS, PUEDE SER UNA HERRAMIENTA ÚTIL CON LA QUE CRITICAR A LOS GOBIERNOS TIRÁNICOS QUE MALTRATAN A SUS CIUDADANOS.

El Renacimiento

El altamente complejo fenómeno cultural conocido como el «Renacimiento» comenzó en el norte de Italia en el siglo XIV y rápidamente se expandió a lo largo de Europa durante los siguientes dos siglos. Inspiró un nuevo espíritu de investigación en todos los aspectos de la vida humana, incluyendo la política.

Italia misma fue dominada por unas pocas ciudades-Estado como Venecia y Florencia.

> En los nuevos países protestantes del norte de Europa se hizo posible discutir y debatir teorías políticas de forma más abierta.

> Finalmente podemos hacer preguntas radicalmente nuevas sobre el papel del Estado y sus relaciones con los ciudadanos.

Italia misma fue dominada por unas pocas ciudades-Estado, como Venecia y Florencia.

Muchos habitantes contemporáneos compararon estos estados con la antigua Atenas, incluso a pesar de que ninguno de ellos era particularmente «democrático». Estaban gobernados bien por príncipes, o por camarillas de familias ricas. Pero estos estados disputaban entre ellos, justamente como habían hecho Atenas y Esparta.

El Príncipe de Maquiavelo

Niccolò Machiavelli (1469-1527) fue un político florentino que hizo algo inusual: describió el comportamiento de los políticos y escribió sobre la política tal cual **es**, en lugar de prescribir cómo **debería** ser, como prácticamente todos los filósofos políticos habían hecho antes y a partir de él. Su libro *El Príncipe* conmocionó a toda Europa y se usó una nueva palabra, «maquiavélico», para describir un tipo específico de amoral oportunismo. Su libro trata sobre *realpolitik*: la macabra realidad de la vida política diaria.

El mío es un manual para aquellos que deseen perseguir el poder político (o aferrarse a él).

La moralidad cristiana es claramente inapropiada para cualquier príncipe que desee mantener un Estado fuerte y exitoso.

Maquiavelo observó lo que los políticos **hacían** realmente (como el infame duque César Borgia), y extrajo algunas conclusiones bastante desagradables sobre su comportamiento.

La moralidad del Estado

Los políticos sabios mentirán y romperán sus promesas, si es políticamente ventajoso hacerlo. Incluso el asesinato está justificado si otorga beneficios.

Y a pesar de que Maquiavelo pensó que las repúblicas con cierto apoyo popular eran la mejor forma de gobierno, se dio cuenta de que la mayoría de la gente estaba más interesada en la seguridad que en la moralidad de sus gobiernos.

¿Cínico o realista?

Maquiavelo vio que es el **poder**, ejercido con eficiencia despiadada, lo que establece y mantiene la estabilidad y la prosperidad.

> Que Maquiavelo sea un «filósofo» o no es debatible: sus intereses no eran los del análisis conceptual.

> ¡Teorizar de forma abstracta es una pérdida de tiempo! De hecho, oscurece las realidades de la vida política.

Su «infame» libro allanó el camino para un nuevo tipo de filosofía política que tuvo una visión de la naturaleza humana más cínicamente realista, y una visión menos idealista del Estado y de su función.

Hobbes y Cromwell

Thomas Hobbes (1588-1679) nació en el año de la Armada Invencible. Pasó la mayor parte de su vida como tutor de los hijos de los condes de Devonshire y, como realista, tuvo que escapar a Francia y evitar la Guerra civil inglesa y el gobierno de **Oliver Cromwell** (1599-1658). Hobbes es a menudo considerado como el primer gran filósofo político moderno.

> EN MI LIBRO *LEVIATÁN*, INTENTÉ MOSTRAR CÓMO LA SOCIEDAD Y LOS GOBIERNOS NO ESTABAN NI ORDENADOS POR DIOS NI SON «NATURALES»...

> EL ESTADO ES UNA CREACIÓN ARTIFICIAL, COMPLETAMENTE ANTINATURAL PERO, NO OBSTANTE, ESENCIAL.

Como Maquiavelo, Hobbes insistió en que la política debería separase nítidamente de las creencias religiosas. La gente, por ejemplo, siempre cree en su propia interpretación de la Biblia y es empujada a actuar de acuerdo con la consciencia religiosa. Esto nos conduce inevitablemente al extremismo y a una sangrienta guerra civil.

La ciencia del hombre

Hobbes estaba profundamente impresionado por el conocimiento geométrico y por cómo se puede construir deductivamente desde unos pocos axiomas elementales. Si funcionaba en las matemáticas, ¿por qué no en la política? Comenzó a elaborar una «ciencia del hombre» completamente materialista.

> ME IMPRESIONÓ EL «PRINCIPIO DE INERCIA» DEL FÍSICO GALILEO...

> ESTE AFIRMA QUE CUANDO UN CUERPO ESTÁ EN MOVIMIENTO, SE MUEVE PARA SIEMPRE.

> CON LO QUE TODO LO QUE EXISTE, INCLUYENDO LOS SERES HUMANOS, ESTÁ BASADO, EN ÚLTIMA INSTANCIA, EN UNA «MATERIA EN MOVIMIENTO».

Los seres humanos son criaturas infinitamente inquietas e inestables, empujadas en todas direcciones por sus apetitos y aversiones.

Egoístas psicológicos

Los motivos y las creencias son el resultado final de una serie de deseos y aversiones que chocan entre ellas y que se mueven por la mente como bolas de billar incansables. Los seres humanos son también «racionales» en el sentido de que hacen planes sobre cómo satisfacer sus apetitos y piensan cómo protegerse mejor del peligro. Los seres humanos hobbesianos son «egoístas psicológicos» involuntarios: criaturas totalmente egoístas programadas para estar interesadas solamente en su propia supervivencia y prosperidad.

Y TODOS SABEMOS QUE ESTO ES CIERTO...

CUANDO UN HOMBRE DUERME, CIERRA SU PUERTA. ¿NO ACUSA POR MEDIO DE SUS ACCIONES A LA HUMANIDAD EN LA MISMA MEDIDA QUE LO HAGO YO CON MIS PALABRAS?

El estado de naturaleza

Siempre que se agrupan algunos individuos egoístas, en un «estado de naturaleza» presocial, cada uno intenta satisfacer su propio apetito de riqueza, amigos y reputación, en competencia con los demás. Cada individuo es también aproximadamente igual en términos de fuerza física e intelecto. Pero los bienes son escasos y la violencia endémica.

> Todo individuo es lo suficientemente racional como para darse cuenta de que la mejor forma de defensa es normalmente un ataque preventivo.

> El resultado final es horroroso, para todos...

> Sin artes; sin letras; sin sociedad; y lo que es peor, miedo continuo, y peligro de muerte violenta; y la vida del hombre, solitaria, pobre, desagradable, brutal y corta.

El estado de naturaleza de Hobbes está definido por la falta de todas estas cosas que proporciona la sociedad.

El dilema del prisionero

Es una pesadilla de violencia e inseguridad que nadie desea, pero es la consecuencia inevitable del intento de cada individuo agresivo por sobrevivir atacando primero.

Los filósofos políticos a veces llaman a este tipo de resultado final no deseado «el dilema del prisionero» (en el que parece bastante racional para dos prisioneros el que se traicionen mutuamente, a pesar de que el resultado es peor para ambos).

La escapatoria

Si aceptas la premisa inicial de Hobbes sobre la psicología humana, entonces su conclusión es lógica. El brutal estado de naturaleza es el abismo caótico y violento en el que caemos cuando no existe un poder soberano que imponga orden.

> LA SOCIABILIDAD HUMANA INNATA ES UN MITO. LA SOCIEDAD ES UN ESTADO DE EXISTENCIA QUE TIENE QUE CREARSE ARTIFICIALMENTE.

> PERO TODOS LOS INDIVIDUOS TEMEN MORIR PREMATURAMENTE Y BUSCARÁN FORMAS DE EVITARLO.

Podemos mirar al futuro racionalmente y ver cómo podemos asegurar nuestra supervivencia personal acordando con los demás seguir las «leyes de la naturaleza» necesarias para muestra propia preservación. Hobbes coincide con Santo Tomás en que existen «leyes naturales»: en particular, el derecho de cada individuo a preservar su propia vida, junto con el deber correspondiente a no dañar a los demás.

Coerción exigible

También tiene que haber algún tipo de poder coercitivo para castigar a aquellos que rompan este «contrato social» en su favor. *«Los pactos que no descansan en la espada no son más que palabras, sin fuerza para proteger al hombre en modo alguno».*

Así es como ocurre que personas aisladas puedan convertirse en seres sociales por medio de un «pacto»: un contrato que todos aceptan respetar.

La sociedad humana no es «natural», sino un constructo nuestro.

Los seres humanos solo pueden convertirse en «sociales» por acuerdo, a diferencia de las comunidades instintivas de las abejas y las hormigas.

Los individuos tienen que renunciar a su derecho de gobernarse a sí mismos. Un poder soberano resulta entonces estar «autorizado» a actuar en favor de esta sociedad de individuos egoístas como un tipo de ficción legal que de alguna manera les «representa» a todos ellos y que tiene poder absoluto sobre todo el mundo. Esto evita cualquier conflicto posterior. Obediencia significa protección.

Poder soberano

Los súbditos del poder soberano están «obligados» a obedecer porque se les forzará a hacerlo. Los individuos solo tienen la libertad que el soberano les permita. El soberano mismo no entra en ningún tipo de contrato. Si lo hiciera, eso significaría que algunos individuos podrían cuestionar su autoridad, y, consecuentemente, provocar una guerra civil y retornar al «estado de naturaleza».

Los individuos solo se pueden rebelar si deliberadamente el soberano se propone matarlos o herirlos, rompiendo así el «derecho natural» primario de autopreservación del cual derivan los demás.

Por tanto, no está demasiado claro cómo un soberano podría reclutar un ejército.

Monarquías absolutas

Hobbes comienza con los individuos libres y termina con el soberano, que tiene que ser absoluto si los individuos pretenden evitar permanentemente la amenaza del caos político. Este poder soberano absoluto se debería otorgar a un único monarca, porque así minimiza el tipo de divisiones y corrupciones que plagan todos los demás sistemas de gobierno.

Hobbes sugiere con ciertas reservas que la «ley natural» también impone unas pocas limitaciones a la autoridad total de los monarcas absolutos.

Deberían aplicar la ley de forma universal e imparcial y castigar a los individuos solo cuando haya una buena causa.

Pero cualquier restricción sobre el poder del soberano nunca se convertirá en un «derecho» de los ciudadanos individuales, porque estos se han transferido en su totalidad al soberano (a pesar de que cómo se pueden «transferir» esos derechos o «renunciar» a ellos no está siempre claro, ni es siempre necesario).

Problemas que plantea la posición hobbesiana

La descripción que hace Hobbes de la naturaleza humana, el «consentimiento» contractual y la autoridad política, han tenido una influencia extraordinaria. Los críticos contemporáneos se horrorizaron ante su definición cínica de los seres humanos y su filosofía política que negaba al Estado cualquier sanción divina. También vieron que había algo «circular» en el contrato social de Hobbes.

> Los contratos se hacen vinculantes solo **después** de que se llegue a un acuerdo sobre el primero.

> Entonces, ¿cómo se puede hacer que el primer contrato sea obligatorio?

Aquellos que obedecían el contrato antes de que el poder soberano estuviera autorizado a hacerlo cumplir, serían rápidamente presa de aquellos que no lo cumplían. La solución de Hobbes es hacer todo el proceso una especie de apuesta instantánea, hecha por todas las partes simultáneamente.

El egoísmo natural

Muchos críticos piensan también que los seres hobbesianos son extrañamente atomistas, unas criaturas «confeccionadas de antemano» y sin ninguna sociabilidad innata. Los defensores del «egoísmo psicológico» como lo entiende Hobbes, tienen una gran dificultad para intentar redefinir palabras como «generosidad» y «altruismo», y para explicar por qué los seres humanos aprueban con asiduidad comportamientos de este tipo.

> La existencia de un vocabulario moral es inexplicable si la descripción de la naturaleza humana de Hobbes es verdadera, pero bastante comprensible si no lo es.

> La «naturaleza humana» puede que no sea tan determinada como insiste Hobbes.

> Parece más maleable y social de lo que él permite que sea.

Hobbes no puede permitir a sus egoístas que estén motivados por nada distinto del egoísmo, porque entonces su «estado de la naturaleza» podría ser algo menos amenazador e invalidar la necesidad de una soberanía absoluta. Hobbes muestra poco interés en algún tipo de «sociedad civil» intermedia. Sus individuos saltan desde el aislacionismo egoísta hasta un estado político autoritario completamente formado.

John Locke

La filosofía política de **John Locke** (1632-1704) probablemente haya tenido más influencia práctica en los acontecimientos históricos y en los sistemas políticos que todo lo que escribió Hobbes. El protector de Locke fue el famoso conde de Shaftesbury, el fundador principal del partido Whig en la política inglesa. Shaftesbury creía en la tolerancia religiosa y era crítico de todas las formas de absolutismo. En 1683 ambos hombres tuvieron que huir a Rotterdam cuando Shaftesbury perdió su influencia política, pero volvieron en 1688: el año de la «Revolución Gloriosa», que sustituyó al monarca católico Jacobo II por el protestante Guillermo de Orange.

> Después de eso, siempre fui sospechoso de catolicismo romano, que exige lealtad al Papa por encima de la Constitución.

> El catolicismo siempre parece estar ansioso por quemar disidentes en cuanto tiene el poder para hacerlo.

A finales de la década de 1670, Locke escribió en secreto su famoso *Dos tratados sobre el gobierno civil* y se negó a reconocerlo como su propia obra durante muchos años.

Otro estado de naturaleza

Como Hobbes, Locke comienza con individuos en un «estado de naturaleza». Pero los individuos de Locke están menos determinados o desconectados psicológicamente. Locke argumenta que incluso en esta situación primitiva todos pueden distinguir entre lo que está bien y lo que está mal.

> Un salvaje americano que hace una promesa a un caballero suizo en el bosque sabe que las promesas son vinculantes.

> Todo individuo es consciente de las «leyes de la naturaleza», y la obediencia a estas leyes asegura que la mayoría de los hombres no dañan las vidas, salud, libertad y propiedad de los demás.

La «comunidad» prepolítica de Locke es esencialmente una versión benigna de la propia sociedad de su tiempo, el siglo XVII, con excepción del gobierno. Parece bastante atractiva, pero Locke creía que solo podría ser una situación temporal.

Las leyes naturales de Locke

Locke es más tradicionalista que Hobbes. Es sabiamente ambiguo sobre los orígenes de las «leyes naturales», pero insiste en que son obligatorias porque están ordenadas por Dios (que convierte a Dios en algo parecido al monarca absoluto de Hobbes). Las leyes naturales son también «racionales», lo que las hace universales y absolutas.

PENSÉ QUE PODRÍA FINALMENTE PRODUCIR UN SISTEMA MORAL COMPLETO DE «ÉTICA DEDUCTIVA» BASADA EN LAS LEYES NATURALES «AUTOEVIDENTES» DESDE PREMISAS TALES COMO «DONDE NO HAY PROPIEDAD NO PUEDE HABER INJUSTICIA».

Y ESTE CONCEPTO DE «PROPIEDAD» ES LA CLAVE DE TODA LA FILOSOFÍA POLÍTICA DE LOCKE.

Definición de propiedad

De acuerdo con Locke, en el estado original de naturaleza Dios otorgó la Tierra a todos los hombres. También le dio a todos la razón, de modo que todos pueden utilizar los recursos del mundo para su mejor provecho. Todos son dueños de su propio cuerpo, y así, mezclando el trabajo del cuerpo con la naturaleza, los individuos adquieren derechos de propiedad privada sobre ciertas partes de terreno y, en virtud de ello, las separan del fondo común.

El derecho a la desigualdad

LOCKE NUNCA SE CUESTIONÓ LA DESIGUALDAD SOCIAL.

ES OBVIO QUE LOS HOMBRES HAN ESTADO DE ACUERDO EN QUE HAYA UNA POSESIÓN DE LA TIERRA DESPROPORCIONADA Y DESIGUAL.

ES DIFÍCIL VER CÓMO «MEZCLAR» NUESTRO TRABAJO CON LA TIERRA NOS DA DERECHOS EXCLUSIVOS SOBRE ELLA.

Pero lo que Locke quiere subrayar es que la institución de la propiedad existió mucho antes que cualquier tipo de sociedad o Estado político. La posesión de propiedades otorga a los individuos derechos inviolables y libertad frente a la interferencia del Estado.

El problema de las vendettas

Pero incluso este estado de la naturaleza bastante sofisticado (que ya tiene en cuenta a la nobleza y a las clases sirvientes) es «inconveniente». Siempre existirán unos pocos individuos degenerados que robarán y asesinarán a individuos inocentes.

Cada hombre interpretará la ley natural de forma diferente, y algunos incluso recurrirán a los actos de violencia «preventivos» que describió Hobbes.

Las ventajas de la sociedad

La solución es convertir los ambiguos dictados de la ley natural en una ley positiva más clara y aplicable. Y es por esto por lo que los individuos estarán primero de acuerdo en formar una «sociedad» contractual, pero no un Estado. La sociedad es, por lo tanto, algo parecido a una sociedad por acciones en la que libremente entran individuos prósperos para disfrutar de ventajas recíprocas.

El derecho divino

La filosofía política de Locke es, en parte, un diálogo con *Patriarca*, de Sir Robert Filmer, un texto publicado en 1679 que afirmaba que todos los soberanos eran personas sagradas, elegidos por la divinidad y, por lo tanto, eran como padres a los que se les ha otorgado una autoridad «natural» sobre su gran «familia».

Pero estas concepciones absolutistas parecen imposibles de probar, no explican cómo es que ciertos usurpadores con éxito hereden la autoridad divina y, lo que es más preocupante, otorga poder ilimitado a un individuo y define a los demás como «súbditos» sin derechos de propiedad propios.

Los gobiernos y los ciudadanos

Los individuos de Locke se han convertido ellos mismos en sociales y no necesitan de un monarca absoluto para mantener el orden. Todo lo que necesitan es alguna autoridad neutral para zanjar las disputas y asegurarse de que los criminales son castigados «indiferentemente».

EL FIN PRINCIPAL DE LOS HOMBRES QUE SE SOMETEN A LOS GOBIERNOS ES LA PRESERVACIÓN DE SU PROPIEDAD.

ASÍ QUE LA SOCIEDAD CREA LOS GOBIERNOS. LA CONCLUSIÓN DE LOCKE ES QUE SE PUEDEN ELIMINAR SI SE DESEA.

Gobierno mínimo

En una sociedad política, los individuos de Locke no tienen que ceder sus derechos a la vida, la libertad y la propiedad simplemente porque una persona o institución haya sido designada para dictar y hacer que se cumpla la ley. El gobierno es más bien un «fideicomisario» que una parte de un contrato, con lo que tiene obligaciones, pero no derechos. El poder del gobierno tiene también limitaciones estrictas que dependen totalmente del consentimiento de los ciudadanos.

> DE LO CONTRARIO, NO TENDRÍA NINGÚN SENTIDO QUE NADIE ABANDONASE UN ESTADO DE NATURALEZA LIGERAMENTE IMPERFECTO O UNA SOCIEDAD CONTRACTUAL POR ALGO MUCHO PEOR.

> ESTARÍAS HUYENDO DE LOS TURONES Y ZORROS, SOLAMENTE PARA ENCONTRARTE SIENDO ATACADO POR LEONES.

Así, Hobbes usa su estado de naturaleza para mostrar por qué es necesario un soberano absoluto; Locke emplea el suyo para demostrar que los gobiernos solamente deben tener poderes limitados.

Cambio de gobierno

Una sociedad política que tiene jueces neutrales, un marco legal y un ejecutivo con poderes limitados debería ser predecible, estable y pacífica. A los gobiernos se les encomienda el poder, pero los ciudadanos siempre tienen el derecho a quitárselo si abusan de él (si, por ejemplo, suben los impuestos contra la propiedad sin su consentimiento). Si el ejecutivo llega a convertirse en tiránico, entonces la gente puede destituirlo usando la fuerza.

Rebeldes y regímenes

Locke consideraba que un gobierno o monarca tendría que ser totalmente opresivo (no simplemente corrupto o mediocre) para que derrocarlo fuera un acto legítimo. Un gobernante despótico debería concebirse como un «rebelde» contra la sociedad política. Un levantamiento contra su autoridad sería meramente una forma de restaurar el *statu quo* político.

Separación de poderes

Locke argumentó que el poder debería estar dividido, de modo que ninguna institución política tuviera el monopolio. El cuerpo **legislativo** crea las leyes tras el debido debate y discusión. El **ejecutivo** las lleva a cabo. Locke da por sentado que el **judicial** es parte del ejecutivo.

Esta noción de la «separación de poderes» o de «controles y equilibrios» tuvo una enorme influencia en la Constitución americana...

Si bien los Padres fundadores de los Estados Unidos conocían mayormente las ideas de Locke por las obras del pensador francés Montesquieu (1689-1755).

El legislativo debe estar por encima del ejecutivo siempre que haya una disputa importante entre ambos.

Es el imperio de la ley lo que es importante, no el gobierno de turno.

¿Quién puede votar?

El papel del gobierno de Locke es mínimo. El estado existe principalmente para asegurar que haya unas leyes sistemáticas que gobiernan la transferencia de la propiedad: y no para redistribuir la riqueza o mantener el bienestar público.

> Solo deberían votar aquellos que hereden propiedad, porque están expresando el consentimiento a un régimen cuya principal función es **proteger la propiedad**.

> Los pobres están demasiado ocupados con la tarea de sobrevivir y educarse como para pensar en los asuntos políticos.

> Así pues, no estamos emancipados.

Consentimiento o sumisión

Locke se dio cuenta de que la idea de que todos «consientan» el ser dirigidos por los gobiernos era problemática. Está de acuerdo en que el «consentimiento» de la mayoría de la gente es meramente «tácito»: se considera que los ciudadanos están de acuerdo en obedecer al Estado porque no emigran, o porque se benefician de todo lo que este les proporciona.

> Pero es difícil ver cómo el consentimiento tácito es muy diferente de la resignación, la sumisión o la indiferencia.

> Y en una sociedad moderna de medios de comunicación, el consentimiento puede manufacturarse rápidamente.

> El verdadero consentimiento probablemente implica debate público libre y alguna posibilidad de elegir.

Noam Chomsky

La crítica de Hume

En realidad, un sistema político que se tomase realmente en serio el «consentimiento» pronto se convertiría en un mosaico de estados secesionistas. Tampoco hay estados políticos que se hayan fundado por «contratos» hipotéticos, como señaló el filósofo escocés **David Hume** (1711-1776). «*Si preguntaras a la mayoría de la gente si alguna vez han dado su consentimiento a la autoridad de sus gobernantes, estarían inclinados a pensar que eres ciertamente una persona muy extraña y responderían que el asunto no depende de su consentimiento, sino de que nacieron para prestar tal obediencia*».

Sin embargo, ser un ciudadano sujeto a la ley no significa estar coaccionado por un monarca absoluto.

Los ciudadanos deben consentir en ser gobernados, y esto significa dar ese consentimiento de modo continuo, y no simplemente en el momento en el que surge la sociedad política. Siempre deberá haber un amplio espacio de libertad personal para cada individuo y unos límites bien definidos para el poder del Estado.

La filosofía política de Rousseau

La filosofía política de **Jean Jacques Rousseau** (1712-1278) sigue a menudo en los textos de filosofía política la exposición de Hobbes y Locke.

> Como ellos, comienzo con un hipotético «estado de naturaleza», seguido por una explicación contractual del consentimiento y de la obligación, y las conclusiones inevitables sobre la necesidad de un Estado.

> Pero las similitudes acaban ahí...

La civilización y la naturaleza humana

Rousseau nació en la república protestante de Ginebra, gobernada por las asambleas legislativa y administrativa, ambas compuestas por ciudadanos ordinarios. Fue un académico autodidacta en filosofía política y un gran admirador de las ciudades-Estado griegas de Atenas y Esparta. En 1749, tuvo una «visión» repentina que lo hizo famoso por toda Europa.

Vi que los seres humanos no eran como Hobbes o Locke los habían descrito: individuos perfectamente formados con rasgos de carácter fijos.

La naturaleza humana nunca es estática, sino que evoluciona de acuerdo con los tipos de civilizaciones que la forman.

Los seres humanos han creado Estados políticos injustos y opresivos y son **estos** los que han convertido a los individuos en codiciosos, viciosos y «hobbesianos». La mayoría de la gente está alienada por las propias instituciones que ellos mismos han creado.

El estado de naturaleza presocial

En su *Segundo discurso* Rousseau describe a los hombres y mujeres presociales que viven en un «estado de naturaleza». Pero esta vez no son viciosos, egoístas o nobles. Los humanos originales de Rousseau son también ficticios, pero más antropológicos.

Los primeros hombres y mujeres de Rousseau son solo seres humanos **potenciales**: primates aislados, inofensivos, totalmente ignorantes de la «ley natural», a pesar de que se abstienen instintivamente de hacerse daño entre ellos.

La propiedad y la ley

Llega entonces la desafortunada invención de la agricultura, que viene acompañada de la idea aún más desastrosa de «propiedad» con su correspondiente desigualdad económica. Unos pocos propietarios avispados reconocieron rápidamente su necesidad de derechos de propiedad legítimos y legalmente protegidos y, así, concibieron la idea de los contratos sociales y políticos. Todo el que desee paz y seguridad le da su consentimiento.

Rousseau no afirma que haya una mejor naturaleza humana «esencialista» a la que debamos retornar, pero piensa que los beneficios de la civilización solo se pueden alcanzar mediante el coste desproporcionado de establecer una humanidad distorsionada y antinatural.

La educación natural

Al principio, la crítica de Rousseau a la civilización sorprendió y después irritó a sus compañeros «filósofos» ilustrados, **Voltaire** (1694-1778) y **Denis Diderot** (1713-84). Pero su filosofía «primitivista» continúa influyendo en todos aquellos que piensan que el precio pagado por la civilización sigue siendo demasiado alto. Afortunadamente, la visión de Rousseau es también más optimista de lo que podría parecer. Si los seres humanos tienen tanto razón como libre albedrío, entonces es siempre posible que cambien su naturaleza humana por algo más altruista y colectivo.

> EN MI NOVELA *EMILIO*, SUGIERO QUE ES POSIBLE EDUCAR UN NIÑO «NATURALMENTE», DE MODO QUE SE MANTENGA SIN CONTAMINAR POR LOS MALES DE LA CIVILIZACIÓN.

> PERO INCLUSO DEBO FINALMENTE ABANDONAR MI ENTORNO SELLADO Y MI INOCENCIA, Y VOLVER A LA CIVILIZACIÓN: PARA CONVERTIRME EN UN «BUEN CIUDADANO».

Emilio debe renunciar a su yo «natural» (lo que hace que su selecta educación parezca más bien inútil). Lo que se necesita es que cambie la sociedad misma, y de eso es de lo que trata el trabajo político más importante de Rousseau, *El contrato social*.

La libertad y la sociedad

Rousseau se dio cuenta de que los niños deben estar socializados si realmente van a convertirse en verdaderos humanos. Los seres humanos funcionan mejor en familias, pequeños grupos y como ciudadanos comprometidos con el Estado. Pero las sociedades solo pueden existir si el comportamiento de cada individuo está constreñido por las costumbres, reglas y el derecho imperativo.

El coste de entrar en la sociedad es alto...

Así pues, algunos individuos o instituciones deben tener la autoridad soberana para elaborar estas leyes necesarias y vigilar por que se apliquen.

Todo individuo tiene que renunciar a la libertad «natural» y obedecer leyes contrarias a sus propios deseos.

La asamblea

Como Hobbes y Locke antes que él, Rousseau aceptó la necesidad de explicar los fundamentos morales del «consentimiento» y de la «obligación» políticas. Hobbes igualó la soberanía con el poder absoluto, separado de los deseos y necesidades de los ciudadanos, porque la alternativa era una miseria interminable. Pero Rousseau insistió en que hay una razón verdaderamente moral, y no solo prudencial, para que sus ciudadanos obedezcan la ley: porque todas las leyes son verdaderamente «suyas».

Así, paradójicamente, en una sociedad política la gente es más «libre». La obediencia a las leyes de la sociedad le otorga a todo el mundo más libertad.

La voluntad general

Dado que la asamblea legislativa de Rousseau implica a **todos** los ciudadanos, el Estado debe ser pequeño: como la antigua Atenas o la Ginebra del siglo XVIII.

Los niños son criados para ser buenos ciudadanos que piensan y se comportan con un espíritu colectivista que pronto se convierte en tan natural para ellos como la afección familiar. La ley y el Estado son, por tanto, manifestaciones apropiadas de la voluntad de la gente, y esto justifica la soberanía de ambos.

Los ciudadanos perfectos y los descarriados

A los individuos descarriados que desobedecen la ley, elaborada con la finalidad de que sea para beneficio de todos, se les tendrá que recordar sus obligaciones con el Estado.

Deben ser forzados a ser libres.

La república ideal de Rousseau suena democrática y decente, pero está basada en fundamentos muy optimistas: ciudadanos perfectos que expresan una «voluntad general» mítica por el bien de la sociedad.

A diferencia de los nobles de Locke, los ciudadanos de Rousseau no tienen derechos individuales. Los ciudadanos del Estado tienen un monopolio total sobre la opinión política y el poder absoluto de hacer que se cumpla su voluntad.

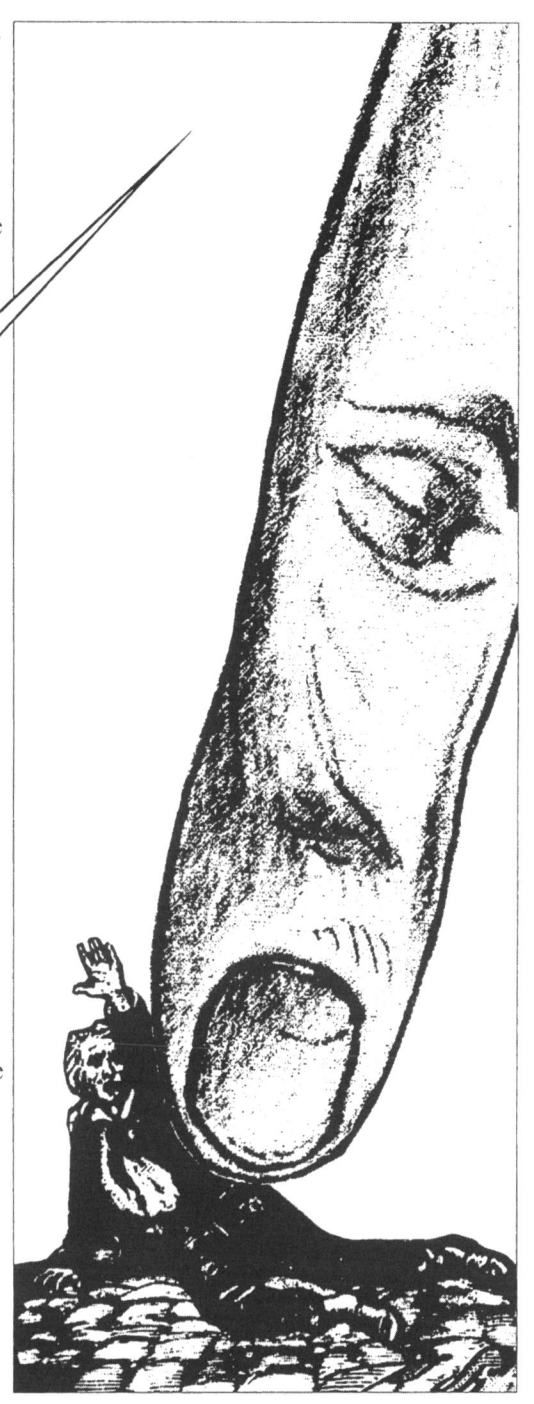

El contrato y el legislador

El Estado colectivista de Rousseau «surge» de alguna manera de un entendimiento entre individuos primitivos en un proceso que parece más orgánico que contractual y que, así, necesita un catalizador humano en la forma del «legislador».

> Este misterioso pero sabio oficial aconseja a las primeras asambleas legislativas sobre aquellas leyes constitutivas que son inevitables para que florezca un Estado colectivista.

> No tengo autoridad política y desaparezco silenciosamente cuando ya no se me necesita.

Rousseau recomienda también que sus ciudadanos se pongan todos de acuerdo en adoptar una «religión cívica», una forma mitigada de un vago deísmo que, sin embargo, sería forzoso porque tal religión fomentaría la adhesión al Estado.

La política como ética

El Estado colectivista de Rousseau es, por lo tanto, muy diferente de las asociaciones de individuos egoístas o propietarios individuales de las que hablan Hobbes y Locke, que se congregan solamente por razones pragmáticas o por el propio interés. Para Rousseau, como para Platón y Aristóteles, la política es una rama de la ética.

> La principal función ética del Estado es permitir a los seres humanos satisfacer su verdadera naturaleza social.

> La gente sigue siendo no humana hasta que se incorporan como miembros de algo mayor que sí mismos.

Esto significa que las entidades abstractas como la sociedad, el Estado o la voluntad general tienen una existencia moral única por sí mismas, totalmente separadas de los deseos egoístas de los individuos.

Córcega y Polonia

El comunitarismo estricto de Rousseau puede parecer inconsistente. Procede de un hombre famoso por su defensa de la libertad artística que huyó de la intolerancia religiosa de sus propios ciudadanos de la república de Ginebra. Sin embargo, el consejo que dio a los ciudadanos de Córcega y Polonia mostró que no era un rígido ideólogo.

> NO TENGO OBJECIONES PRODUCTO DEL FANATISMO EN CONTRA DE ALGÚN TIPO DE PROPIEDAD Y RESPETO LAS TRADICIONES LOCALES, SIEMPRE Y CUANDO LAS INSTITUCIONES POLÍTICAS ORIGINALES SEAN LO SUFICIENTEMENTE PEQUEÑAS PARA QUE TODOS LOS CIUDADANOS PARTICIPEN DIRECTAMENTE EN LA VIDA PÚBLICA.

Como un forastero apátrida durante toda su vida, Rousseau fantaseó sobre pasar la vida en una pequeña comunidad de compañeros afines. Nunca abandonó completamente su admiración por la Ginebra de su infancia.

Moralidad de Estado

El Estado teórico de los ciudadanos que defiende Rousseau es potencialmente totalitario. La historia reciente parece mostrar que crear ciudadanos ideales es imposible y probablemente indeseable. La educación estatal en «ciudadanía» puede convertirse fácilmente en adoctrinamiento. Para la mayoría de la gente corriente, la lealtad al Estado colectivista opresivo es mera simulación: se debe a la necesidad de autopreservación.

> Si todos entregan sus derechos individuales al Estado, entonces el Estado se hace demasiado poderoso.

> Si la «libertad» es un regalo asignado a los individuos, deja de ser un derecho privado y se convierte en algo indistinguible de la «obediencia».

> La visión de Rousseau de una naturaleza humana colectivista parece irreal y agobiante: poco mejor que el individualismo egoísta al que se supone que sustituye.

El Estado de Rousseau no tiene controles constitucionales sobre su poder absoluto y no reconoce la privacidad individual. Sus ciudadanos pueden alienarse fácilmente de las instituciones políticas que ellos mismos crearon, una característica frecuente de la vida política que parece inevitable, independientemente de cuán vigorosamente se intente evitar.

La Revolución francesa

La Revolución francesa comenzó en 1789 con la exigencia de un gobierno monárquico más constitucional. Finalizó con la abolición de la monarquía y de la aristocracia hereditaria, la erosión de la mayoría de las distinciones formales de clase, y la violencia caótica y la guillotina de «el Terror». Todo esto dio lugar a una nación de «ciudadanos iguales» sin lugar para la aristocracia ni el clero.

Maximilien Robespierre (1758-1794), Líder de los jacobinos radicales

Este nuevo imperio de justicia y libertad traerá consigo un nuevo tipo de ser humano y de ciudadanos finalmente capaces de escoger sus propias instituciones políticas.

Pero muchos pensadores revolucionarios temían la verdadera soberanía popular y la violencia irracional de las masas.

El filósofo **Marie-Jean Condorcet** (1743-1794)

La democracia solo permite el derecho a elegir a la vanguardia revolucionaria que dará a la gente lo que sea mejor para ellos, aunque no colme sus deseos.

Louis-Antoine Saint-Just (1767-1794), un miembro destacado del famoso «Comité de seguridad Pública» del Terror.

La Revolución planteó nuevos problemas políticos, teóricos y prácticos para los cuales no había respuestas fáciles ni obvias. También dio a luz a aquellos primeros socialistas y anarquistas, a veces llamados los «nietos de Rousseau».

Charles Fourier (1772-1837)

Todos estamos de acuerdo con Rousseau en que la mayoría de los individuos son víctimas ignorantes de la sociedad...

Pierre Proudhon (1809-1865)

La igualdad es esencial para que exista la verdadera libertad.

Karl Marx (1818-1883)

A diferencia de Rousseau, sin embargo, muchos de nosotros admiramos el progreso.

Vivieron durante un tiempo de inmensa agitación revolucionaria y vieron que era posible cambiar la sociedad para siempre.

El nacimiento del socialismo francés

Claude-Henri Saint-Simon (1760-1825) (el «padre del socialismo francés») estaba convencido de que las aplicaciones rigurosas de la filosofía y de la ciencia podrían resolver la mayoría de los problemas sociales y políticos. Estudiando el pasado, se podrían entender sus patrones de cambio evolutivo: desde los estados feudales «orgánicos», basados en la superstición religiosa, hasta los nuevos tipos de sociedades industriales «críticas» gobernadas por élites de científicos, ingenieros e industriales.

> RECONOCÍ LA RELEVANCIA DEL CONFLICTO DE CLASE COMO UNA DE LAS MÁS IMPORTANTES CAUSAS DEL CAMBIO SOCIAL (QUE TUVO UNA GRAN INFLUENCIA SOBRE KARL MARX)...

> ¡ESA ES LA RAZÓN POR LA QUE LA GENTE HA OÍDO HABLAR ALGUNA VEZ DE ÉL!

La concepción socialista de Saint-Simon es la de una sociedad altamente racional y supremamente eficiente: una colmena meritocrática centralizada guiada por tecnócratas y administradores, formada por diferentes operarios trabajando en perfecta armonía y solidaridad. Francia sería un enorme taller dirigido por gestores, pero esta vez el inmenso potencial productivo de la ciencia y de la industria beneficiaría no solamente a unos pocos emprendedores sino a todas las empobrecidas «clases laboriosas» que realmente crean la riqueza de la sociedad.

¿Qué es el socialismo?

Como todas las ideologías, el socialismo incluye argumentos, creencias e ideas sobre la «verdadera naturaleza» de los seres humanos y el tipo de sociedad que mejor satisface sus necesidades y deseos. Surgió en respuesta al capitalismo industrial que comenzó a florecer en Europa a finales del siglo XVIII. La mayoría de los socialistas están de acuerdo en que las sociedades capitalistas están deliberadamente organizadas de forma que una pequeña clase privilegiada sea siempre capaz de explotar a los demás. Solamente cuando la clase trabajadora gane poder político acabará este abuso. Los individuos tienen que aprender **cómo** y **por qué** son oprimidos, para así poder cambiar las cosas. Un remedio obvio contra la desigualdad y la pobreza es asegurarse de que diversos medios de producción de riqueza (tierra, maquinaria y fábricas) son de propiedad comunal.

> TODO EL TRABAJO DEBERÍA ESTAR APROPIADAMENTE RECOMPENSADO Y HABRÍA QUE HACER UN ESFUERZO PARA LOGRAR LA IGUALDAD ECONÓMICA.

PETER KNOPOTKIN (1842-1921)

> LOS SERES HUMANOS SON «NATURALMENTE» LOS MÁS FELICES Y LOS MÁS SATISFECHOS CUANDO SE OCUPAN EN DESARROLLAR ALGUNA FORMA DE TRABAJO CREATIVO.

L BAKÚNIN 4-1876)

> LA COOPERACIÓN, MÁS QUE LA COMPETICIÓN, ES EL ESTADO «NATURAL» DE LA SOCIEDAD.

La mayoría de los filósofos liberales tienen dudas sobre la ideología socialista. Los seres humanos, contestan, pueden ser agresivos «naturalmente», competitivos y vagos, más que trabajadores y cooperativos. Y una sociedad socialista tiene que ser menos libre porque la igualdad económica tiene que ser impuesta sobre todos.

La armonía universal de Charles Fourier

El excéntrico **Charles Fourier** (1772-1837) estaba de acuerdo con Saint-Simon en que la historia humana muestra la inevitabilidad de la ilustración y el progreso. Los seres humanos han tenido que progresar a lo largo de 36 periodos históricos diferentes antes de que pudieran experimentar un tiempo de perfección social y política. Su obra más famosa, *La teoría de la armonía universal*, es una fantasía utópica extraordinaria que propone comunidades (o «falansterios») de 1.610 personas, que viven comunalmente en un enorme edificio y que trabajan cada día en 12 tareas diferentes.

> EL TRABAJO SE ASIGNARÁ A AQUELLOS QUE TENGAN UNA «PASIÓN» POR ÉL.

> LOS INDIVIDUOS FORMARÁN RELACIONES NO JERÁRQUICAS CON LOS DEMÁS Y TENDRÁN DIFERENTES PAREJAS SEXUALES.

> LOS NIÑOS SE CRIARÁN COMUNALMENTE.

> EL EGOÍSMO Y LAS INCLINACIONES NATURALES DE CADA INDIVIDUO ESTARÁN, POR TANTO, SATISFECHAS Y ESTA SITUACIÓN PRODUCIRÁ ESPONTÁNEAMENTE EL INTERÉS GENERAL DE TODOS.

Al menos, Fourier subraya la felicidad y la espontaneidad, y no subordina el individuo al Estado.

El socialismo utópico de Owen

Muchos escritores y filósofos ingleses quedaron cautivados inicialmente por los acontecimientos ocurridos en Francia, pero luego se horrorizaron por los excesos de «el Terror», que dieron mala fama a las revoluciones. **Robert Owen** (1771-1858) creía que los cambios sociales y económicos que él apoyaba ocurrirían naturalmente, sin necesidad de un levantamiento violento.

> LOS BRITÁNICOS PRONTO RECONOCERÁN LOS MÉRITOS DEL COMUNISMO, Y SERÁ ADOPTADO GRADUALMENTE POR TODOS.

> CRITIQUÉ A LOS PRIMEROS SOCIALISTAS COMO OWEN COMO «UTÓPICOS» POR CREER PROFUNDAMENTE EN QUE UNA SOCIEDAD SOCIALISTA EVOLUCIONARÁ MEDIANTE LA APELACIÓN A LA BUENA VOLUNTAD DE LAS CLASES PRIVILEGIADAS.

> ¡EL ESTADO CAPITALISTA NECESITARÁ BASTANTE MÁS QUE PERSUASIÓN RACIONAL PARA QUE «DESAPAREZCA»!

KARL MARX

Owen, el «padre del socialismo inglés», se orgullecía de ignorar la mayoría de los trabajos de filosofía política. Era un gestor, y después propietario, de varios molinos de algodón, y un gran reformador social. En New Lanark, diseñó un modelo de poblado para los trabajadores de sus fábricas e hizo un breve intento por establecer una sociedad más radicalmente comunitaria en New Harmony, Indiana.

Democracias a pequeña escala

Owen estuvo estrechamente implicado en los movimientos cooperativos y sindicales en Gran Bretaña. En *Una nueva visión de la sociedad* está completamente de acuerdo con Rousseau en que los seres humanos están determinados por las circunstancias sociales, educativas y económicas: los pobres raramente son pobres porque sean vagos o irresponsables.

> El carácter de un hombre, sin ninguna excepción, se lo encuentra ya formado.

> Soy contrario a la mayoría de la ortodoxia religiosa, una de las principales causas de prejuicio e ignorancia.

> La institución de la propiedad privada es la causa demasiado evidente de la mayoría de la pobreza y desigualdad.

Owen tenía su propia visión peculiar de una sociedad futura: comunidades autogobernadas de pequeña escala formadas por trabajadores y familias propietarias de todos los medios de producción. Solo tales pequeñas comunidades autosuficientes pueden llegar a ser verdaderamente democráticas. A la larga, cuando todo el mundo consista en federaciones de comunidades agricultoras e industriales, la necesidad de los gobiernos y los Estados desaparecerá.

Anarquismo

El anarquismo es la otra gran ideología política engendrada por la Revolución francesa. La ideología anarquista tiene mucho en común con el socialismo, pero cree firmemente que los individuos y las sociedades pueden estar organizadas sin ninguna necesidad de coerción por parte del Estado. Las sociedades son naturales pero los estados son imposiciones artificiales. **William Godwin** (1756-1836) se inspiró en la Revolución para escribir su libro *Investigación sobre la justicia política* (1793) en el que argumenta a favor de una sociedad sin Estado. Algunos otros anarquistas clave son **Pierre Proudhon** (1809-1865), **Mikhail Bakunin** (1814-1876) y **Peter Kropotkin** (1842-1921).

> Todos los anarquistas rechazan la autoridad de los gobiernos (incluso los gobiernos socialistas) y los argumentos liberales clásicos a favor de su legitimidad.

> Siempre se abusa del poder de cualquier tipo y esto da como resultado de forma inevitable la coerción y la opresión.

> Como muchos socialistas, buscamos el fin del capitalismo.

> Pero como los liberales, somos profundamente recelosos del poder del Estado.

Los anarquistas conciben una sociedad futura libre de la explotación y de la desigualdad, y de alguna manera más «racional» o «natural» que cualquier otra ahora existente. La libertad personal estaría maximizada, los bienes materiales distribuidos equitativamente y los gobiernos dejarían de existir.

¿Libertad sin propiedad?

Cómo se puede alcanzar esta situación es, sin embargo, un problema que siempre ha dividido a los anarquistas porque dan diferentes explicaciones de la naturaleza humana, del altruismo de que es capaz y, por tanto, de las formas de vida económica apropiadas para tales creencias.

El «mutualismo» de Proudhon

Los individuos o grupos de minifundistas y artesanos que poseen sus propios medios de producción solo pueden ser recompensados por sus propios trabajos. No se pueden beneficiar del trabajo de otros.

El «colectivismo» de Bakunin

Considero permisible un trabajo organizado a mucha mayor escala en el que los individuos sean apropiadamente recompensados por su trabajo.

El «comunismo» de Kropotkin

Todos los bienes materiales deben ser de propiedad comunal, y solo las comunas locales pueden decidir cómo cubrir las necesidades de sus miembros.

Kropotkin es muy optimista con lo que respecta a la disposición de los individuos a no tener propiedad propia y a trabajar sin incentivos materiales de ningún tipo.

Algunos anarquistas son libertarios de derechas que rechazan cualquier interferencia del Estado en los asuntos del individuo: incluso si esto implica que poderosos capitalistas prosperen a expensas de todos los demás.

La moralidad social anarquista

Las pocas sociedades anarquistas efímeras que han existido han sido de modo usual violentamente suprimidas: por ejemplo, por el fascismo español en la Guerra Civil de 1936-1939 y por el bolchevismo ruso en 1921. Pero parece improbable que la ideología anarquista misma desaparezca. Es un correctivo útil para algunos aspectos autoritarios de la ideología socialista y ha contribuido enormemente hacia la teoría y la práctica feminista moderna. Varias campañas de acción directa, como el movimiento actual contra el capitalismo global, están «inspiradas en el anarquismo».

> LOS INDIVIDUOS TIENEN QUE ENTREGAR SUS LIBERTADES NATURALES A UNA MORALIDAD SOCIAL DE ALGÚN TIPO, SI CUALQUIER SOCIEDAD PRETENDE DESARROLLARSE.

> LOS ANARQUISTAS INSISTEN EN QUE ESTE TIPO DE AUTOSACRIFICIO Y CONFORMIDAD PUEDE SER BIEN INSTINTIVO, O SE PUEDE ENSEÑAR.

> PERO LAS APELACIONES ANARQUISTAS A LO QUE ES «RACIONAL» O «NATURAL» NO SIEMPRE CONVENCEN A LOS NO CONVERSOS.

Cómo sería una «sociedad natural» sin gobiernos solo es algo que cada uno puede conjeturar. Así, de nuevo, como siempre, la ideología política depende de la cada vez más especulativa ideología sobre la «verdadera naturaleza» de los seres humanos.

La filosofía política de Hegel

Georg Wilhelm Friedrich Hegel (1770-1831) fue un académico profesional durante la mayoría de su vida y un funcionario del Estado prusiano.

Hegel estaba de acuerdo en que la sociedad civil y el Estado eran más o menos la misma cosa y, como Rousseau, raramente hizo siquiera una distinción entre ellos. Para Hegel, el Estado es una entidad ética con una identidad propia única y no simplemente un acuerdo legal artificial hecho por individuos que se esfuerzan en proteger sus propios intereses.

La filosofía del Derecho

Como muchos filósofos políticos, Hegel intenta reconciliar a los individuos subjetivos, y a sus intereses específicos, con su igual necesidad de objetividad social e instituciones políticas.

> COMO ROUSSEAU, RECONOZCO QUE HAY UNA INTERRELACIÓN COMPLEJA ENTRE LOS INDIVIDUOS QUE CONFORMAN LA SOCIEDAD Y LA SOCIEDAD QUE LOS CREA.

Es un proceso interactivo complicado y largo que Hegel explora en profundidad en *La filosofía del Derecho*.

Hegel comienza señalando que los seres humanos son animales sociales definidos por su relación con los demás.

> LA CONCIENCIA DE LOS NIÑOS ESTÁ DETERMINADA PRIMERO POR LA FAMILIA A LA QUE ES LEAL INSTINTIVAMENTE.

> EL AMO ES DEFINIDO POR EL ESCLAVO, INCLUSO MÁS DE LO QUE LO ESTÁ EL ESCLAVO POR EL AMO.

> EN EL CASO DE LOS ADULTOS, SON LAS MÁS COMPLEJAS RELACIONES DEL AMPLIO MUNDO DE LA SOCIEDAD CIVIL LAS QUE DETERMINAN SUS SERES INTERIORES.

Los individuos adultos tienen un mayor sentido de su propia identidad única, están también motivados por el egoísmo y el deseo de acumular propiedad, con lo que sus relaciones con otros son principalmente económicas. Pero una economía de mercado necesita estar controlada por un sistema legal para que el intercambio esté bien regulado. Y, de acuerdo con Locke, aquí es más o menos donde comienza y acaba la función del Estado.

Los ciudadanos y el Estado orgánico

El Estado de Hegel tiene que ser mucho más que un simple cuerpo regulativo. No es un producto de negociaciones contractuales sino la consecuencia orgánica e inevitable de cómo son los seres humanos. El destino de los seres humanos es, por lo tanto, desarrollarse dentro de Estados. El Estado tiene una dimensión ética más allá del interés propio de sus miembros individuales.

> El Estado es prácticamente una extensión de la «familia», porque exige una cantidad similar de comportamiento altruista y solidaridad entre sus ciudadanos.

> Espera que ellos luchen en su defensa y paguen impuestos para apoyar a sus miembros más débiles.

Y los Estados no controlan simplemente la sociedad civil: la constituyen. Hacen que la «libertad racional» sea posible para todos. Ser una parte del Estado también cambia la conciencia de cada individuo: cómo piensan sobre sí mismos y sobre los demás.

La Constitución

La ciudadanía de un Estado moderno crea más libertad individual de lo que era posible en la antigua polis griega. Los individuos pueden perseguir sus propios intereses en diversas actividades económicas, culturales y religiosas, así como participar en la vida social y política.

> El Estado hace posible tanto la máxima satisfacción de los deseos y necesidades particulares de cada individuo como la realización de la naturaleza esencial y la verdadera libertad de cada uno.

La sociedad política ideal de Hegel consiste en una Asamblea de Estados en los que diferentes elementos de la sociedad tienen algo que decir en la legislatura y en el proceso de decisión político. Un escalón superior de los funcionarios profesionales (la «clase universal») asegura que ningún interés de grupo particular llega a dominar. De forma similar a los guardianes de Platón, este grupo de élite es nombrado según méritos y es extremadamente poderoso.

El Estado todopoderoso

La estructura política de Hegel está dirigida por un monarca hereditario, una figura simbólica que encarna la unidad del Estado. Su marco y controles son conservadores, tradicionales y muy similares a los de la monarquía constitucional de la Prusia del siglo XIX en la que vivió Hegel. Los sentimientos de Hegel hacia su Estado a veces son alarmantes.

> EL ESTADO ES UNA IDEA DIVINA TAL COMO EXISTE EN LA TIERRA. TENEMOS, POR LO TANTO, QUE ADORAR AL ESTADO COMO MANIFESTACIÓN DE LO DIVINO EN LA TIERRA...

Hegel es a menudo acusado de ser un profeta servil del nacionalismo prusiano, a pesar de que estaba a favor de una monarquía constitucional con una separación de poderes bien definida, derecho codificado, sistemas judiciales y libertad de expresión y opinión.

La metafísica de Hegel

Como muchas otras filosofías políticas, la de Hegel está basada en una metafísica extremadamente elaborada del idealismo filosófico, teorías sobre la evolución de la conciencia humana y una visión profundamente historicista del progreso humano. Aristóteles mantenía que la razón era la característica definitoria de los seres humanos.

> La razón es la virtud que nos permite comprender la racionalidad integral del universo mismo.

> Estoy de acuerdo. La conciencia de los seres humanos, su vida cultural, el equipamiento conceptual y las instituciones políticas están siempre en cambio y **progresando** hacia formas más altas de conciencia política.

Hegel estaba convencido de que la historia es esencialmente la narrativa evolutiva y progresiva de esta conciencia humana colectiva, una entidad misteriosa que denominó «espíritu». Las mentes de los individuos son, por tanto, parte de una mente universal que determina todo lo que es «real» para los seres humanos.

La dialéctica

La conciencia humana nunca es estática, sino que está constantemente evolucionando para dar lugar a marcos conceptuales más productivos que derivan de la absorción de otros más antiguos y menos adecuados. Las nuevas experiencias pueden estructurarse de forma apropiada en estadios progresivos.

> LA CONCIENCIA HUMANA EVOLUCIONA POR MEDIO DE CONFLICTOS Y RESOLUCIONES...

> LOS SERES HUMANOS NO APREHENDEN SIMPLEMENTE EL MUNDO, SINO QUE LO MANIPULAN Y LO CAMBIAN.

Los cambios constantes en la historia implican que siempre hay una batalla entre diferentes ideas políticas en un singular proceso «lógico» hegeliano, famosamente conocido como la «dialéctica». Las teorías políticas opuestas entran inevitablemente en una operación compleja de asimilación mutua (o «síntesis») para producir nociones aún más progresivas del Estado, de la ciudadanía y de la libertad.

La libertad racional y el progreso

Este proceso dialéctico implica que los seres humanos alcanzarán finalmente una conciencia de la necesidad de la «libertad racional»: la síntesis entre la libertad abstracta sin límites y las exigencias de la vida social y política.

Hegel concluye que los seres humanos son necesariamente **criaturas de Estado** destinadas a desarrollarse dentro de comunidades políticas. Los Estados son el resultado inevitable de que seamos una suerte de criaturas gregarias amantes de la libertad.

> LAS MENTES HUMANAS PRESUPONEN LAS ESTRUCTURAS INSTITUCIONALES DE LA SOCIEDAD...

> LOS ESTADOS SE DESARROLLAN A PARTIR DE LA NATURALEZA INTERIOR DE LOS SERES HUMANOS Y DE SU NECESIDAD DE LIBERTAD INDIVIDUAL E INSTITUCIONES POLÍTICAS.

Los Estados y los ciudadanos juntos crecerán más racionales a medida que el completo proceso teleológico avance a través del tiempo.

TELOS, DEL GRIEGO, «FIN» U «OBJETIVO» - TELEOLÓGICO, «DIRIGIDO HACIA UN OBJETIVO»

La crítica del Estado de Hegel

Los intentos de Hegel por convertir al Estado en un derivado lógico y ético de la conciencia evolutiva humana no han dejado de ser cuestionados. Pocos filósofos aceptan ahora las doctrinas «teológicas» centrales del hegelianismo; especialmente su descripción del «espíritu» como una mente universal divina, y pocos creen ahora en su descripción progresiva, teleológica e historicista de la conciencia humana, las sociedades y los estados.

Pero seguramente estaba en lo cierto al insistir en que la relación entre el individuo y el Estado es compleja e interactiva.

Hegel no ofreció un marco moral para arbitrar sobre las diferencias entre Estados...

La única forma que tienen de resolver sus disputas tiene que ser normalmente a través de la guerra.

También pensó que algunos estados más «evolucionados» tenían el «derecho» de dominar a otros. Y, como Locke, los ciudadanos de Hegel son todos propietarios que han «objetivado» sus deseos «subjetivos» y ganado con ello un puesto reconocido dentro de la sociedad.

Pero esto significa que los pobres sin tierras tienen un papel limitado tanto en la vida económica como en la política del Estado.

¡Eso no es nada nuevo!

Sin embargo, la filosofía política de Hegel es un intento serio de mostrar cómo puede el Estado moderno convertir a individuos egoístas y codiciosos de la economía de mercado en ciudadanos comunitarios y altruistas. La obediencia a su Estado Ético es una **disposición**, más que simplemente una cuestión de conveniencia. Y esto puede ser una idea admirable a la vez que muy peligrosa.

El conservadurismo de Edmund Burke

Como otros conservadores políticos de finales del siglo XVIII, Hegel estaba sorprendido por el extremismo y la violencia de la Revolución francesa. *La Filosofía del Derecho* se escribió, hasta cierto punto, como una reacción a esos acontecimientos. Receló del fervor revolucionario de todo tipo y era mayoritariamente hostil hacia el poder militar y las ambiciones expansionistas del régimen napoleónico. La voz del conservadurismo inglés, **Edmund Burke** (1729-1797) expresó reservas similares.

Como Hegel, creo que el Estado es un fenómeno histórico en evolución, similar a un complejo organismo vivo.

Su complejidad se mantiene mediante una mezcla de reglas escritas y costumbres no escritas a las que se adhieren, normalmente de forma inconsciente, sus ciudadanos.

El prejuicio convierte la virtud de un hombre en su hábito.

Es este «prejuicio» instintivo el que mantiene juntas a las sociedades y que convierte a los individuos en ciudadanos, mucho más que cualquier adherencia consciente a principios morales o políticos.

El conservadurismo de Burke es el producto de su escepticismo epistemológico. Ya que la sociedad en su conjunto es infinitamente compleja y extremadamente sutil, ningún individuo puede comprenderla completamente. Es, por lo tanto, peligroso rechazar las instituciones políticas y sociales tradicionales en favor de una alternativa utópica abstracta basada en conceptos vagos como los «derechos naturales».

> No me opongo a la reforma de leyes específicas o a corregir errores particulares...

> Pero insisto en que nadie tiene la sabiduría o la intuición para rechazar lo que es el producto de muchos siglos.

En *Reflexiones sobre la Revolución francesa* (1790), criticó a los franceses por destruir las instituciones políticas y sociales que habían hecho la civilización posible. Los británicos habían sido capaces de cambiar a su rey en 1688 sin destruir su estable régimen político. Burke es un «antifilósofo» (desconfiado de abstracciones e ideas elevadas) que advierte a sus compañeros ciudadanos de los peligros del pensamiento y la práctica revolucionarias (sus propias opiniones políticas conservadoras son, por supuesto, completamente ideológicas).

Los derechos del hombre de **Paine**

Las opiniones de Burke fueron atacadas por otro inglés, **Thomas Paine** (1737-1809), autor de *Los derechos del hombre*. Paine emigró a América en 1775 donde escribió *El sentido común* en apoyo a la Revolución americana. Después, visitó Francia en 1787 y fue elegido para la Asamblea nacional.

¡Y ESTUVO A PUNTO DE SER GUILLOTINADO POR LOS JACOBINOS!

LA FILOSOFÍA POLÍTICA DE PAINE DERIVA PRINCIPALMENTE DE MI DEFENSA DE LOS DERECHOS HUMANOS.

COMO YO, CREÍA QUE LA MAYORÍA DE LOS GOBIERNOS ERAN FRAUDULENTOS A MENOS QUE FUERAN REPÚBLICAS DEMOCRÁTICAS.

PAINE, LOCKE Y ROUSSEAU

En obras posteriores, como *Justicia agraria*, Paine defendía algún tipo de estado del bienestar y una política tributaria redistributiva. Paine fue un gran polemista que defendió el derecho de la gente corriente a debatir principios políticos y hacer campaña en busca de reformas.

La cuestión de los derechos humanos

Paine fue el responsable de popularizar la idea de los «derechos humanos» que ha preocupado a los filósofos políticos desde entonces. Los «derechos» normalmente los reclaman los débiles contra los poderosos. Los gobiernos son reticentes a acceder a las demandas que, a menudo, se convierten en caras obligaciones: «derechos» a guardería, educación, salud, y así sucesivamente.

Los derechos legales o positivos son fáciles de explicar: un conjunto de personas acuerda, quizás contractualmente, en concederse mutuamente ciertos privilegios legalmente exigibles, y eso es...

¡No! La ley solo codifica los derechos «naturales» o «morales» que ya existen.

Pero ¿cómo pueden ser los derechos «naturales» o «autoevidentes»?

Si los derechos corresponden a los hechos más elementales de la naturaleza humana, entonces quizás sí que precedan a la sociedad y a los gobiernos.

Pero tales pretensiones son difíciles, si no imposibles, de demostrar.

Cuando entran en conflicto diferentes «derechos», ¿cómo sabemos cuál tiene prioridad?

Derecha e izquierda hegelianas

La filosofía política hegeliana fue adoptada por los «hegelianos de derechas» alemanes, que pensaban que el Estado prusiano había más o menos alcanzado la fase final dialéctica de la perfecta racionalidad y debería permanecer inalterado. Los «hegelianos de izquierdas» pensaban que al proceso hegeliano aún le quedaba un largo camino por recorrer. ¿Quién puede recordar ahora nombres de los primeros? Pero todos han escuchado al más famoso de los hegelianos de izquierdas: **Karl Marx** (1818-1883).

> ESTOY DE ACUERDO CON HEGEL EN QUE LAS SOCIEDADES SON COMO ORGANISMOS: EN CONSTANTE «EVOLUCIÓN» DESDE FORMAS PRIMITIVAS HASTA LAS MÁS ELABORADAS.

> ESTE LARGO PROCESO EVOLUTIVO SE SUPONE QUE ACABARÁ EN LA PERFECTIBILIDAD TANTO DE LOS SERES HUMANOS COMO DE SUS SOCIEDADES...

> ...AL PROGRESAR A TRAVÉS DE CONTRADICCIONES.

Para comenzar, Marx estaba de acuerdo con Hegel: es la guerra incesante entre **ideas** lo que determina la conciencia humana y la historia.

Determinismo económico

Pero entonces Marx descubrió que Hegel «estaba cabeza abajo» y que había que «darle la vuelta». Lo que Marx quería decir es que las ideas no pueden determinar la realidad humana, sino al revés: las fuerzas materiales objetivas y las realidades económicas son lo que determinan las ideas humanas. Por esto es por lo que Marx es familiarmente conocido como un «materialista dialéctico».

DETERMINISMO ECONÓMICO

FUERZAS MATERIALES OBJETIVAS ↕ **REALIDADES ECONÓMICAS**

IDEAS HUMANAS

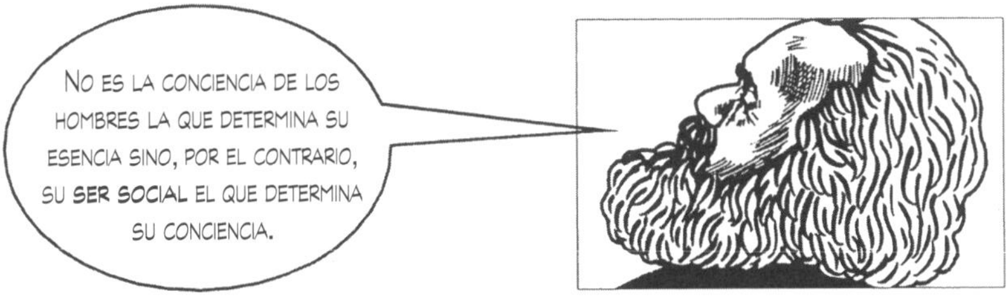

> No es la conciencia de los hombres la que determina su esencia sino, por el contrario, su **ser social** el que determina su conciencia.

La filosofía política de Marx, a pesar de ser compleja y de gran alcance, descansa sobre la premisa relativamente sencilla del **determinismo económico**. Los seres humanos se definen mejor no como egoístas, sino como seres económicos que luchan por producir bienes materiales a partir de su entorno físico. La emancipación viene de una comprensión completa de la economía y de su producción de relaciones sociales, no a través de la evolución mística de alguna conciencia absoluta.

La inevitabilidad del capitalismo

Marx creía que la economía podía ser «científica» de la misma manera que Darwin convirtió a la biología en «ciencia»: sometiendo todos los fenómenos naturales a leyes evolutivas deterministas. El estudio científico de la economía y su historia revela las causas elementales de todas las creencias y actividades humanas.

> LA «SUBESTRUCTURA» ECONÓMICA DETERMINA SIEMPRE LAS «SUPERESTRUCTURAS» DE LOS FENÓMENOS POLÍTICOS, RELIGIOSOS Y CULTURALES.

La mayoría de los economistas clásicos antes de Marx, como **Adam Smith** (1723-1790) y **David Ricardo** (1772-1823), suponían que el capitalismo era inevitable, incluso que estaba inspirado por Dios. Locke dio por supuesta la creencia de que la propiedad y el capitalismo eran tan «naturales» como la sociedad misma. Rousseau había desafiado esta presuposición, y Marx insistió en que la propiedad y su monstruoso hijo, el capitalismo, eran antinaturales, injustos y, en última instancia, malditos.

Capitalistas malvados

Pero ¿qué es el capitalismo? A lo largo de la historia, los seres humanos se han embarcado en diferentes actividades económicas a través de diferentes «medios de producción». El capitalismo es una forma de actividad económica relativamente reciente que resultó ser extremadamente exitosa para producir grandes cantidades de bienes materiales. Los propietarios del capital se habían beneficiado enormemente de las eficiencias de la Revolución Industrial que explotó la división del trabajo en «cadenas de montaje» convirtiéndola en un sistema fabril altamente disciplinado.

> El capitalismo cambió la vida de aquellos que poseían los «medios de producción» industriales y de aquellos que no.

> La mayoría del poder económico y político se desplazó hacia una clase específica: la burguesía.

> Pero yo no estaba de acuerdo con los economistas: el capitalismo no es inevitable.

El capitalismo era profundamente injusto porque los medios de producción los poseían unos pocos ricos. Una gran proporción de la población eran entonces trabajadores de fábrica, tratados como máquinas: un medio para el fin económico de otro.

Trabajo muerto

Marx estaba de acuerdo con la «teoría del valor-trabajo» de Ricardo en la que los capitalistas consiguen sus beneficios e incrementan su capital **a partir de sus empleados**. Así que su riqueza es realmente «trabajo muerto».

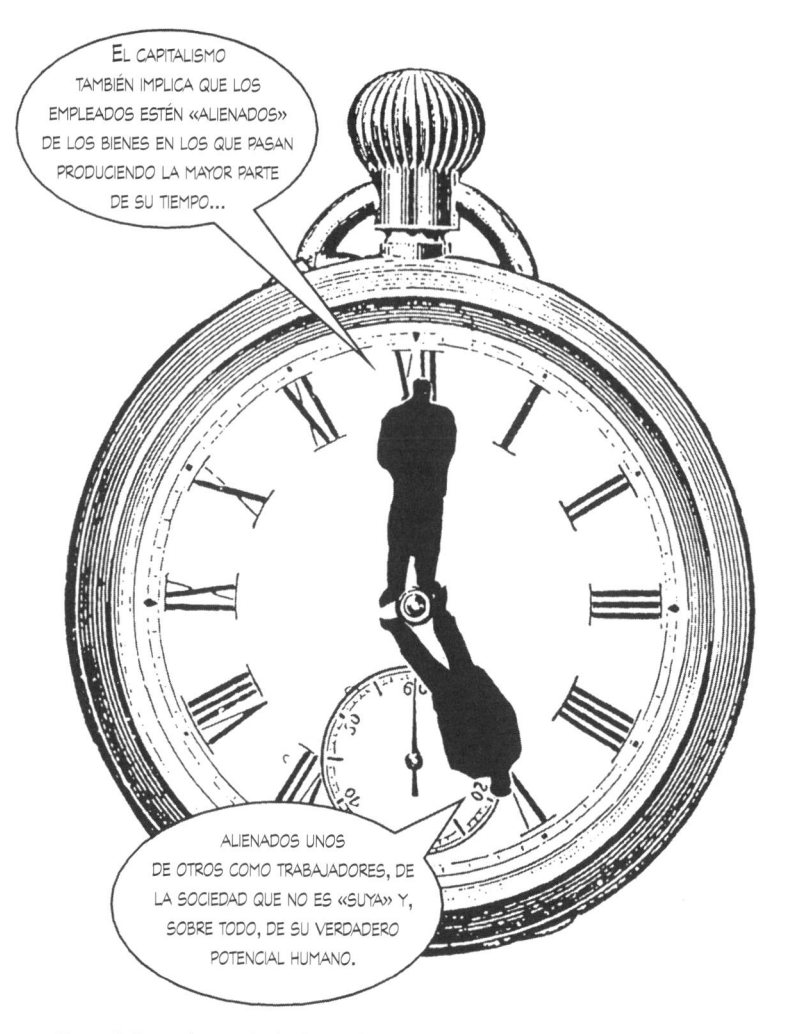

El capitalismo también implica que los empleados estén «alienados» de los bienes en los que pasan produciendo la mayor parte de su tiempo...

Alienados unos de otros como trabajadores, de la sociedad que no es «suya» y, sobre todo, de su verdadero potencial humano.

Para Marx, la sociedad moderna era poco más que un mercado desigual, controlado por el poder del Estado, diseñado por unos pocos ricos para coaccionar a todos los demás. Hegel había mantenido que el Estado era una consecuencia inevitable y orgánica de la naturaleza racional humana. Marx lo vio como una conspiración productora de capital.

La función de las ideologías

No es simplemente coerción bruta la que mantiene a la sociedad capitalista. El poder más sutil de la ideología es incluso más importante. Los seres humanos conciben el mundo de formas inexorablemente míticas. Imponen categorías a sus experiencias para dotarlas de sentido. Estas categorías pueden ser metafísicas, políticas, éticas o religiosas.

La gente cree que ciertas prácticas políticas y económicas son universalmente beneficiosas, cuando no lo son.

Aceptamos la necesidad de leyes estrictas para la propiedad, gobiernos fuertes, una iglesia establecida y economía capitalista, porque estamos estimulados para que pensemos que estas instituciones nos benefician a todos, en vez de solamente a unos pocos ricos. La «mayoría» de nuestros valores, creencias y actitudes no son realmente los nuestros.

El espectro del comunismo

Pero Marx también era un optimista. Dado que la historia es incansablemente dialéctica, esto implica que las desigualdades e injusticias presentes en el sistema capitalista serán finalmente desafiadas.

> LOS FILÓSOFOS SOLO HAN INTERPRETADO EL MUNDO DE DIVERSAS MANERAS; LA CUESTIÓN, SIN EMBARGO, ES CAMBIARLO.

En el famoso *Manifiesto Comunista*, Marx explica cómo el capitalismo contiene las semillas de su propia destrucción. Como todo el poder económico está concentrado en cada vez menos manos, el empobrecimiento de la mayoría de la gente trabajadora tendrá que continuar indefinidamente. Esto implica que se producirá un futuro conflicto dialéctico entre ambas clases: la pequeña, pero dominante clase burguesa de dueños de empresas, y la enorme, pero empobrecida, clase proletaria de asalariados.

El futuro radiante

Una revolución de los trabajadores será inevitable, no necesariamente por el fervor proletario, sino por la siniestra resistencia de la burguesía a las ineludibles fuerzas de la historia: es preciso que los pocos revolucionarios comunistas comprometidos echen una mano.

> Lo que la burguesía produce, sobre todo, son sus propios sepultureros.

> La revolución pondrá fin a toda la explotación económica y a la represión política.

> Las fábricas producirán solo aquellos bienes que la gente necesite.

La lucha de clases terminará y tras una breve dictadura del proletariado, el Estado «desaparecerá».

La visión utópica final de Marx es la sociedad comunista, en la que los individuos contribuyen de acuerdo con sus capacidades y reciben según sus necesidades. Los seres humanos dejarán de estar dominados por los intereses personales capitalistas, vivirán en una sociedad racional en la que la propiedad, la coerción del Estado y la escasez artificialmente creada de los bienes esenciales dejará de existir.

¿Hecho o profecía?

El marxismo es tanto un análisis «científico» detallado de la economía del capitalismo como una defensa idealista del tipo de utopías socialistas imaginadas por los activistas políticos franceses Fourier y Saint-Simon, ellos mismos los «nietos de Rousseau». Pero un siglo y medio más tarde, el capitalismo parece seguir prosperando.

Pocos filósofos o economistas comparten ahora la certeza de Marx de la inevitabilidad del colapso del capitalismo...

O su insistencia de que la economía puede ser una ciencia exacta.

O que la historia tiene mucha inevitabilidad predecible.

Hoy en día la mayoría de los marxistas piensan que la relación entre la economía y la vida humana social, cultural y política es bastante más complicada. Muchas ideas políticas parecen tener una vida propia, independiente de causas económicas.

La clase y el Estado

La definición de «clase» de Marx es también problemática y sus observaciones sobre su relación con el estado, fragmentarias y confusas. No siempre está claro si los estados surgen **por** la división en clases o son su **causa**. No todo el mundo puede ser perfectamente catalogado como miembro de una clase específica, y no todas las clases son siempre desiguales económica y políticamente.

> El conflicto histórico no parece que esté siempre basado en la clase o sirviendo a los intereses de alguna clase...

> Por ejemplo, ¿qué pasa con las guerras de religión?

> Los Estados solo llegan a existir a través de la existencia de clases desiguales, porque el Estado solo existe para ser un instrumento de la clase gobernante.

Pero las leyes positivas, las costumbres, las reglas éticas e incluso los estados parecen ser algo más fundamental que, y anteriores a, cualquier actividad económica sistemática como el capitalismo.

Una sociedad sin Estado

Sin embargo, para Marx, se sigue que cuando cualquier sociedad sea una sociedad «sin clases», el propio Estado «desaparecerá». Como Rousseau, Marx piensa que todos los males sociales pueden ser resueltos racionalmente mediante el ajuste de las condiciones sociales. Pero incluso una sociedad sin clases, de comunas descentralizadas, necesitará algún tipo de organismo central que ponga en vigencia reglas y contratos y resuelva conflictos entre diferentes grupos de interés.

Cualquier sociedad industrial compleja necesitará una clase administrativa con algún nivel de autoridad, por más que esté bajo el control de los trabajadores.

Pero ya no habrá más necesidad de un poder organizado de una clase que suprima a todos los demás.

Los miembros de las comunas en los que Marx pensaba no tendrían propiedades, serían inmunes a los deseos materialistas y dejarían de ignorar las bases económicas de la sociedad. La «política» como la entendemos ahora llegaría a su fin, porque dejaría de tener toda función obvia.

La revolución aplazada

El marxismo ha tenido una enorme influencia en la filosofía política, y no solo por sus elementos utópicos. El capitalismo y su hijo, el estado moderno, ambos parecen haber aplazado el día de ajuste de cuentas mediante la suavización de las crueldades del sistema capitalista: con cada vez mayores dosis de bienestar social, sindicalismo legítimo, sistema fiscal redistributivo y otros tipos de intervención social. Sin embargo, los filósofos políticos de todo tipo han encontrado, y encontrarán siempre, al marxismo como algo inestimable por las herramientas conceptuales que proporciona, por su análisis de la naturaleza fundamental del capitalismo y su compleja relación con el Estado moderno.

Desarrollos del marxismo

La filosofía marxista se desarrolló en Alemania en los años 20 y 30 por los filósofos de la «Escuela de Frankfurt» **Theodor Adorno** (1903-1969), **Herbert Marcuse** (1898-1979) y otros que huyeron a América en la década siguiente. Subrayaron con fuerza el poder de la ideología para engañar y controlar a aquellos que menos se benefician de una sociedad capitalista jerárquica.

> ES, POR LO TANTO, VITAL QUE LA GENTE CORRIENTE SE LIBERE DE LAS INSTITUCIONES OPRESIVAS Y COMPRENDA LAS POSIBILIDADES DE UNA SOCIEDAD ALTERNATIVA, LIBRE DE DOMINACIÓN, SI SE QUIERE ALCANZAR EL VERDADERO POTENCIAL HUMANO.

Adorno llegó a creer pesimistamente que el adoctrinamiento ideológico estaba tan incrustado en los individuos que era virtualmente imposible cambiar las sociedades modernas capitalistas.

Marcuse introdujo terminología freudiana en su discurso marxista. Palabras como «sano» y «neurótico» se politizaron y fueron analizadas socialmente.

> La sociedad depende para su existencia de la represión del «principio de placer» y solo se hace posible mediante la sublimación de los deseos humanos fundamentales (Sigmund Freud).

> Por tanto, siempre tiene que haber tensiones entre el individuo y la sociedad.

Marcuse llegó a la conclusión de que los modos industriales avanzados de producción crean inevitablemente sociedades rígidamente conformistas y cerradas de todo tipo político. Y estas solo pueden existir debido a un «excedente de represión» incluso aún mayor.

La teoría de la hegemonía de Gramsci

El filósofo italiano **Antonio Gramsci** (1891-1937) concluyó que el marxismo ortodoxo subestima el poder ideológico de los «mitos burgueses» en el proceso de socialización.

> La mayoría de la gente acepta las ideas que se consideran socialmente «adecuadas».

> Este consentimiento irreflexivo mantiene la supremacía hegemónica de la clase gobernante mucho más eficientemente que los medios específicos de producción.

La «hegemonía» capitalista dominante persiste indiscutida (y evita la revolución) debido a la aceptación acrítica de los valores burgueses, en vez de a través de un uso abierto de la fuerza. Los marxistas después de Marx se han vuelto más hegelianos en su insistencia de que son las ideas, y no simplemente la economía bruta, las que forman la realidad social y refuerzan las ortodoxias políticas.

Nuestra ideología política

La ideología política dominante en Occidente es conocida como «liberalismo clásico». Un historiador, **Francis Fukuyama** (nacido en 1952), mantiene en su libro *El fin de la Historia y el último hombre* (1989) que, con el desmoronamiento de todas las alternativas a la democracia liberal occidental, el liberalismo clásico había triunfado.

A menudo nos es difícil «ver» nuestra propia ideología, por lo tan profundamente enraizada que está en nuestra cultura y visión del mundo. La economía capitalista nos parece ahora totalmente «natural» porque nunca hemos conocido otra cosa.

Los orígenes del liberalismo

El «liberalismo clásico» tiene sus orígenes en las filosofías del siglo XVII de Hobbes y Locke. Como todas las ideologías políticas, se basa en un modelo de la naturaleza humana. Afirma que los seres humanos no son naturalmente cooperativos o altruistas, pero son seres racionales, determinados a maximizar sus propios intereses económicos.

El Estado existe meramente para asegurar que los individuos están protegidos unos de otros.

Su papel no es perseguir «el bien común» o defender un modelo teleológico «final» de la naturaleza humana.

Esto significa que el Estado no está legitimado para interferir en ningún derecho fundamental de los individuos como la libertad y la propiedad.

La «sociedad» está concebida como un agregado de individuos. El papel del Estado es principalmente regulativo, no constructivo.
Así, el liberalismo clásico es una ideología curiosa porque es tanto una teoría del Estado como una teoría que lo rechaza.

El mercado

El liberalismo clásico acepta de buen grado que la sociedad es un **mercado**. El economista **Adam Smith** (1723-1790) fue el primero en reconocer lo que esto implica: un conjunto de individuos particulares y motivados por el propio interés en hacer, comprar y vender bienes que, milagrosamente, produce como resultado neto convertir a la sociedad en un todo más próspero.

> MILLONES DE PERSONAS INTENTAN PROMOVER SUS PROPIOS INTERESES PRIVADOS...
>
> Y HETE AQUÍ QUE «LA MANO INVISIBLE» DEL MERCADO HACE QUE TODOS SE BENEFICIEN.

Es, por lo tanto, insensato para el Estado interferir en este proceso mágico, y no tiene sentido, o es incluso contraproducente, intentar hacer a los individuos más filantrópicos o cooperativos.

Libre empresa e igualdad

Otro mito ideológico del liberalismo es que todos los individuos son económicamente «iguales». La vida humana en una sociedad capitalista puede ser competitiva e implicar luchas económicas evolutivas despiadadas, pero los resultados son justos, porque todos han tenido «igualdad de oportunidades».

> Esto quiere decir que las desigualdades solo reflejan el esfuerzo individual y la capacitación.

En una sociedad meritocrática liberal, los que más merecen son recompensados, y los exitosos benefician a todos al crear riqueza que «gotea» hasta los menos afortunados. Así, la «justicia» consiste en asegurar que los individuos pueden perseguir sus deseos sin obstáculos; no en intentar distribuir los bienes de manera equitativa.

Contratos, constituciones y tolerancia

El liberalismo insiste también en que el estado solo puede mantener el poder basándose en la confianza, debe depender del consentimiento de la gente y estar sujeto a un «contrato». A medida que el sufragio se ha vuelto más amplio y prácticamente universal, el consentimiento hoy día está más relacionado con la idea de un voto mayoritario, que de alguna manera otorga al gobierno un mandato de actuar como crea oportuno.

¡EXCUSAS! PERO NI SIQUIERA LOS GOBIERNOS ELEGIDOS DEMOCRÁTICAMENTE PUEDEN TENER PODER ABSOLUTO.

SUS PODERES DEBEN ESTAR RESTRINGIDOS POR UNA CONSTITUCIÓN Y POR LA LEY QUE, CONJUNTAMENTE, ASEGURAN QUE LAS LIBERTADES INDIVIDUALES NO ESTÁN INDEBIDAMENTE OBSTACULIZADAS.

GEORGE WASHINGTON

El liberalismo hace también de la tolerancia recíproca una virtud. Nadie tiene nunca el monopolio de la verdad. Los individuos deben tener permitido adorar lo que quieran, tener sus propias opiniones políticas, y ser tolerantes con las opiniones diferentes de la propia.

¿Para qué sirve votar?

Una consecuencia de la ideología liberal es que los «ciudadanos» libres sin trabas tienen muy poco poder político real. Los individuos tienen el derecho a votar a intervalos regulares en las elecciones para formar gobiernos que son solo responsables ante sus electores en un sentido bastante limitado.

El problema de la distribución

Pero meramente regular y armonizar los intereses privados del mercado no parece, en la práctica, producir el bien para todos. En cualquier sociedad económicamente competitiva, habrá perdedores.

Y aquí es donde los defensores del liberalismo comienzan a discrepar entre ellos.

Al mercado se le debe dejar solo para que cree y distribuya riqueza de acuerdo con el mérito...

Cuanto más interfiere el Estado en este proceso económico benigno, más poderoso y paternalista será a expensas de las libertades individuales.

¡No! El Estado debe comprometerse hasta cierto punto con el bienestar público, si quiere tener alguna autoridad moral.

El capitalismo desenfrenado puede ser económicamente eficiente, pero, ciertamente, produce extremos de riqueza y pobreza que pueden desestabilizar a la sociedad. La mayoría de los gobiernos occidentales contemporáneos tratan a los ciudadanos humanamente, si no de forma igualitaria, al intervenir en la economía capitalista y moderar sus excesos. Este es el «problema de distribución» que ha dominado a la filosofía política en los últimos años.

El utilitarismo de Bentham

Si el estado debe abstenerse de imponer modelos de naturaleza humana o de la sociedad a un conjunto multiforme de individuos, ¿cómo puede entonces decidir sobre las políticas? La respuesta la dio el filósofo utilitarista inglés **Jeremy Bentham** (1748-1832) en su libro *Una introducción a los principios de la moral y la legislación*. Bentham era líder de un grupo llamado «Los filósofos radicales» que estaban interesados en la reforma liberal de las leyes y de todas las instituciones públicas.

> BENTHAM DECLARÓ QUE SOLO HAY UNA VERDAD ELEMENTAL E INCONTESTABLE SOBRE LOS SERES HUMANOS...

> LA NATURALEZA HA COLOCADO A LA HUMANIDAD BAJO EL GOBIERNO DE DOS AMOS SOBERANOS, EL **DOLOR** Y EL **PLACER**. SOLAMENTE A ELLOS LES CORRESPONDE SEÑALAR LO QUE DEBEMOS HACER, ASÍ COMO DETERMINAR LO QUE HAREMOS.

Y este hecho primitivo de los seres humanos constituye la base de toda la filosofía política y moral «utilitarista».

Bentham estaba de acuerdo con Hobbes en que los seres humanos son egoístas innatos: tienen que serlo, para poder sobrevivir. Como todos los organismos sintientes, procuran alcanzar el placer y huyen del dolor. La política gubernamental y la legislación deben reflejar este hecho biológico y psicológico.

... AL PROMULGAR LEYES Y DISEÑAR ESTRATEGIAS PARA ASEGURAR QUE SE PUEDA HACER FELICES A TANTOS CIUDADANOS COMO SEA POSIBLE, Y MISERABLES A LOS MENOS POSIBLES.

EL «UTILITARISMO» NO FUE INVENTADO POR BENTHAM, SINO POR DAVID HUME...

LOS GOBIERNOS SON UNA BUENA IDEA PORQUE CREAN LAS CONDICIONES SOCIALES Y LEGALES PARA LA PRODUCCIÓN DE UNA MAYOR CANTIDAD DE RIQUEZA QUE DE CUALQUIER OTRA MANERA. ESTA ES SU VERDADERA JUSTIFICACIÓN.

Hume también mantuvo que, a pesar de que era imposible *demostrar* cualquier idea moral o política, esto no nos debería impedir seguir aquellas que preferimos.

Una ciencia de la moral

Bentham era un ateo que recomendaba la tolerancia religiosa, un republicano que respetaba los deseos de la mayoría monárquica, y un demócrata comprometido. Su filosofía estaba inspirada inicialmente por el caos del sistema legal inglés que, siendo él mismo abogado, vio que estaba basado en una mezcolanza de tradición, precedentes y prejuicios.

¡SON TONTERÍAS EN ZANCOS!

Bentham desdeñaba todos los sistemas morales que no fueran tan «científicos» como el suyo propio, especialmente aquellos basados en creencias indiscutibles en la «ley natural» y los «derechos naturales».

El mercado de la libre empresa

Los gobiernos que se adhieren a los principios utilitaristas determinan la política social estimulando la producción de «la mayor felicidad» y distribuirla entre «el mayor número» de personas posible. Como Adam Smith, Bentham estaba convencido de que el capitalismo era la única forma práctica de crear riqueza y felicidad.

EL ESTADO NO DEBERÍA INTERFERIR EN EL MERCADO MÁS ALLÁ DE LO ESTRICTAMENTE NECESARIO.

EN UNA SOCIEDAD CAPITALISTA, CIERTO GRADO DE DESIGUALDAD ES SIEMPRE INEVITABLE Y DEBE SER TOLERADO.

PERO PARA EVITAR DISTURBIOS SOCIALES, LOS GOBIERNOS DEBEN INTERVENIR EN EL MERCADO MEDIANTE EL DICTADO DE UN PRECIO MÁXIMO PARA PRODUCTOS BÁSICOS COMO EL PAN, POR EJEMPLO.

Calculando las consecuencias

El utilitarismo es más extraño de lo que parece a primera vista. Es una filosofía materialista que no apela a la «razón» o a fundamentos transcendentes. Bentham creía que la felicidad humana podía medirse científicamente y con exactitud con algo que llamó *cálculo de felicidad*. Este cuantifica la intensidad, duración y fiabilidad de la felicidad y el punto hasta el cual puede ser distribuida.

El castigo legal de los delincuentes es justificable, no porque el Estado necesite retribución, sino porque tales castigos actúan como disuasorios sobre otros posibles criminales futuros.

Útil para la política gubernamental

El utilitarismo puede convertirse en una guía moral para los individuos. Pero es sobre todo una filosofía política útil para los gobiernos liberales que intentan elaborar políticas domésticas.

CONSTRUIR DESAGÜES, BIBLIOTECAS, HOSPITALES Y ESCUELAS TIENDE A MAXIMIZAR LA FELICIDAD Y A MINIMIZAR LA MISERIA...

EL UTILITARISMO MUESTRA CÓMO TODAS LAS ACTIVIDADES DEL GOBIERNO PUEDEN ESTAR SUJETAS A TIPOS ESPECÍFICOS DE ANÁLISIS DE COSTE-BENEFICIO.

EL «BUEN» GOBIERNO ES, POR LO TANTO, EL QUE SE ADHIERE A LAS REGLAS CIENTÍFICAS DE MI «CÁLCULO DE FELICIDAD»...

Los puntos oscuros del utilitarismo

Los críticos del utilitarismo argumentan que su enfoque materialista subestima la complejidad de la naturaleza humana. Los humanos son seres intelectuales y espirituales, así como buscadores de placer. La felicidad humana es subjetiva, relativa y, en consecuencia, imposible de cuantificar. El utilitarismo está también equivocado al desestimar los motivos como irrelevantes. Las consecuencias futuras no son siempre predecibles a largo plazo. El utilitarismo también puede aprobar la violación de las reglas morales tradicionales si el hacerlo da como resultado una mayor felicidad.

> PERO LO PEOR DE TODO: NO OFRECE PROTECCIÓN A LAS MINORÍAS FRENTE A LA «TIRANÍA DE LA MAYORÍA».

> SI LA MAYORÍA DE LOS CIUDADANOS SIENTEN QUE 24 HORAS DE PORNOGRAFÍA Y QUE LA REPATRIACIÓN OBLIGATORIA DE SOLICITANTES DE ASILO POLÍTICO LES HARÁ FELICES: ENTONCES ES LO QUE OBTENDRÁN...

> ...A CONDICIÓN DE QUE SU FELICIDAD CUANTIFICABLE SOBREPASE LA MISERIA CUANTIFICABLE DE UNOS POCOS.

También ha ayudado a convertir a los gobiernos (las «agencias de distribución de bienestar») en las instituciones extremadamente poderosas que son hoy día.

La respuesta utilitarista de Mill

John Stuart Mill (1806-1873) fue rigurosamente atiborrado de educación por su autoritario padre. Tuvo una crisis nerviosa con 20 años, pero se recuperó, parcialmente como resultado de su romance con una mujer casada: Mrs Harriet Taylor. Sus obras más famosas son *Sobre la libertad* (1859), *La esclavitud de las mujeres* (1869) y *Utilitarismo* (1863). Mill redefinió la filosofía de Bentham de diversas formas.

> El utilitarismo debería tomar en consideración la «conciencia», a pesar de ser totalmente subjetiva, inaccesible al escrutinio público e inmensurable.

> La riqueza de los emprendedores exitosos debería pagar impuestos hasta un grado límite que no desaliente su interés por producir más.

> Es desaconsejable que cualquiera rompa las normas morales tradicionales, incluso si ello beneficiase a un mayor número de personas.

Así, Mill es a veces considerado como un «utilitarista de reglas»: obedeces aquellas reglas que la experiencia ha mostrado que tienden a producir grandes cantidades de felicidad, en lugar de juzgar cada acto individual de acuerdo con sus méritos utilitaristas.

Calificar a la mayoría

La preocupación principal de Mill era que el utilitarismo parecía aprobar la tiranía de la mayoría, con lo que intentó introducir la *calidad*, así como la cantidad en los «cálculos de felicidad». Bentham había insistido en que «la chincheta es igual que la poesía»: si lo que la mayoría quiere es un trivial juego de bar, entonces eso es lo que deberían tener, independientemente de sus méritos.

No estoy de acuerdo. Es mejor un ser humano insatisfecho que un cerdo satisfecho.

Debemos dar más valor a los placeres superiores en contra de los inferiores.

La ópera suma más puntos que el billar.

Una opinión que hace al utilitarismo menos democrático y ligeramente elitista.

Los instruidos deben ser nuestros representantes

Las tendencias paternalistas de Mill surgieron también en su defensa de la democracia representativa. Es sabio votar por los profesionales altamente educados de clase media porque actuarán como una influencia restrictiva sobre la opinión pública, que está a veces mal informada y es fácil de manipular.

> Así que no está completamente claro cómo «representan» los miembros del parlamento a su electorado.

> El mejor gobierno debe ser el gobierno de los más sabios, y estos deben ser siempre unos pocos.

En *Sobre la libertad*, Mill defiende que las excentricidades y las preferencias individuales deben ser toleradas por la mayoría, a condición de que no dañen a nadie. La ley debería tener poco que decir sobre los estilos de vida personales o sobre las preferencias sexuales.

En defensa de la democracia

Mill fue uno de los grandes defensores de la «nave del Estado» democrática. Los ciudadanos capaces de determinar y cambiar las políticas gubernamentales son más propensos a consentir estar gobernados. La dictadura benigna de expertos que concebía Platón trata a la gente como niños irresponsables, no ciudadanos.

> Si permites que una persona no haga nada por su país, no se preocupará por él.

> La participación activa en la política tiene un valor educativo directo para el electorado.

> La libertad de expresión permite que las «verdades recibidas» estén cuestionadas de continuo en una lucha permanente entre ideas políticas.

Las verdades políticas, si es que existen, deberían estar siempre abiertamente cuestionadas, para que solo las verdaderas sobrevivan.

Mill ejerció excelentemente su propia libertad de expresión, especialmente en su alegato a favor de una completa igualdad económica y política para las mujeres: una opinión que, irónicamente, Platón había defendido más de 2.000 años antes.

El utilitarismo moderno

Pocos utilitaristas creen ahora que la moralidad o la política puede ser «científica». No hay «hechos» morales y probablemente no es ni siquiera deseable que los haya. Y tampoco hay una forma convincente de «demostrar» el utilitarismo.

> Incluso si fuera posible demostrar que los individuos desean siempre su propia felicidad, ¿por qué eso no les obliga a promover la felicidad de otros?

Los utilitaristas modernos prefieren hablar sobre maximizar los «intereses» o «preferencias» de las personas, para así evitar todos los problemas prácticos y teóricos que se producen con términos como «placer» y «felicidad».

Derechos e intereses de la minoría

Algunos filósofos políticos aún creen en la importancia de los derechos humanos individuales. Pueden ser usados como una «baza» por una minoría para desafiar cualquier persecución sancionada por los «intereses» de una mayoría tiránica.

> Si el trabajo de un gobierno utilitarista es maximizar los «intereses» de la mayoría, entonces no está claro si se deben considerar los intereses expresados por la gente o los «reales».

> Si los intereses expresados por la gente son dañinos porque quieren cigarrillos y comida basura...

> ... no es asunto de un gobierno utilitarista coaccionarlos para que acepten los beneficios alternativos del chicle sin azúcar y la fruta fresca.

> La ideología liberal, como siempre, tiene la última palabra.

Distribución e igualdad

La doctrina utilitarista de maximizar la felicidad hace surgir inevitablemente la problemática cuestión de la igualdad económica. Las personas no nacen iguales (algunos son más inteligentes o dotados para ciertas cosas que otros) y los gobiernos no pueden hacer mucho al respecto.

Pueden, sin embargo, hacer que la gente sea políticamente igual al otorgar a todos el voto, el derecho a un juicio con jurado, y así sucesivamente.

Pero ¿pueden o deben los gobiernos intentar hacer que todos sean económicamente iguales? ¿Deberían los individuos acomodados ser coaccionados para subvencionar a miembros más pobres de la sociedad?

¿No daría esto al Estado el poder de interferir en las libertades individuales de una forma inaceptable?

La filosofía política de Nozick

El problema de la distribución ha dominado gran parte de la filosofía política americana desde que **Robert Nozick** (1938-2002) publicara en 1974 su libro *Anarquía, Estado y Utopía*. Defendía allí que no es asunto del Estado imponer su propio «patrón» o «estado final» a sus ciudadanos. Lograr la igualdad económica implicaría que el Estado interfiriera de forma inaceptable en las libertades individuales. Mucho de esto depende de cómo se definan conceptos como «justicia» y «propiedad».

> Si, como Marx y muchos filósofos anarquistas, crees que la propiedad es «trabajo muerto», entonces es una forma de «robo» y debería ser redistribuida.

> Pero la mayor parte de la propiedad ha sido adquirida de forma justa. No se ha robado a sus propietarios.

> Con lo que poseemos la libertad fundamental lockeana para retenerla y hacer con ella lo que queramos.

La riqueza pertenece a los individuos, en opinión de Nozick: no es «colectiva». Si el Estado grava los ingresos para redistribuirlos, entonces está imponiendo realmente algún tipo de «trabajo forzado», porque los individuos están obligados a gastar parte de su tiempo trabajando para pagar al gobierno.

Igualdad de oportunidades

La forma liberal habitual de alcanzar un compromiso sobre el problema de la igualdad económica es hablar, por el contrario, de «igualdad de oportunidades», más que insistir en cualquier tipo de redistribución de la riqueza y los ingresos reales.

No se interfiere en las libertades individuales, y a las fuerzas del mercado se las deja a su libre arbitrio para crear y distribuir riqueza según el mérito, ¡y suerte!

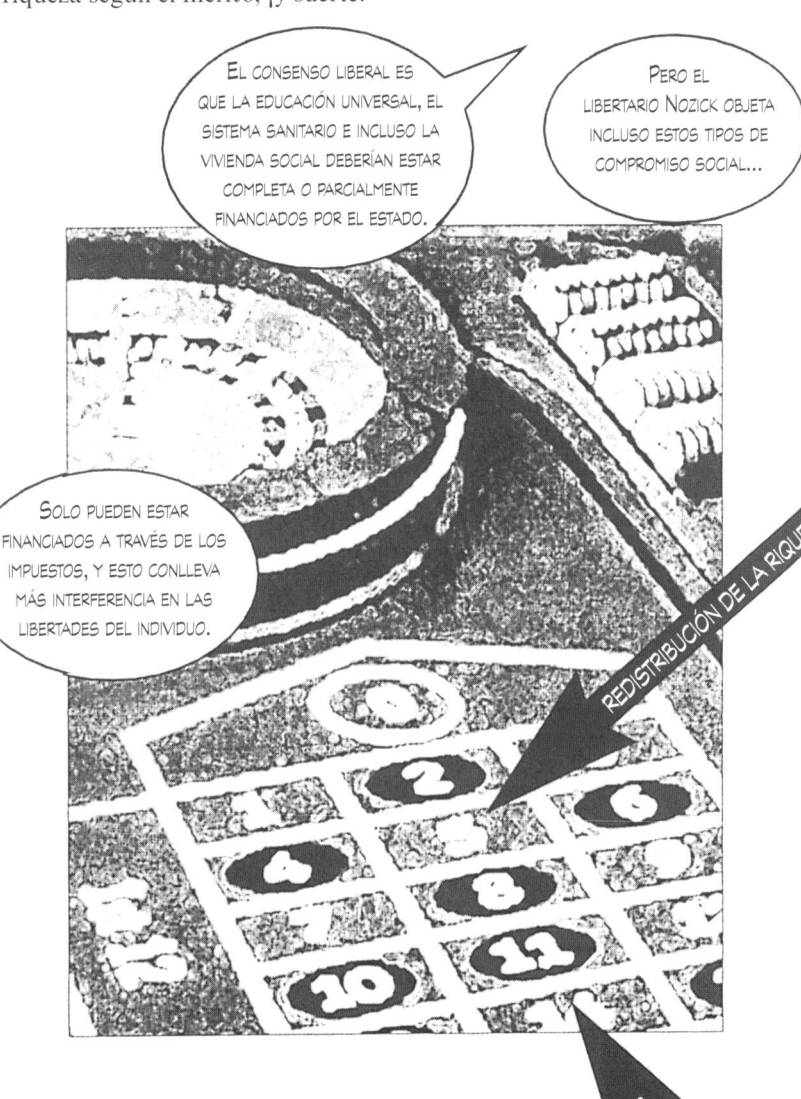

El consenso liberal es que la educación universal, el sistema sanitario e incluso la vivienda social deberían estar completa o parcialmente financiados por el estado.

Pero el libertario Nozick objeta incluso estos tipos de compromiso social...

Solo pueden estar financiados a través de los impuestos, y esto conlleva más interferencia en las libertades del individuo.

REDISTRIBUCIÓN DE LA RIQUEZA

BIENESTAR SOCIAL

El Estado mínimo

En opinión de Nozick, los derechos de propiedad fundamentales son absolutos e invalidan cualquier bienestar comunal. Esto significa que el papel del estado debe ser «mínimo»: restringido casi exclusivamente a la política exterior. Incluso la protección policial debería ser privatizada.

Así, para mí, el problema de la distribución es realmente el de establecer límites estrictos al poder del Estado.

Tanto Aristóteles como yo pensamos que la riqueza desproporcionada otorga a unos pocos individuos un poder político desproporcionado.

En mi libro Utilitarismo, insistí en que el deseo de obtener la felicidad personal entraña de alguna manera la felicidad de todos...

Pero si la libertad total de la interferencia del gobierno produce una sociedad que contiene un gran número de ciudadanos ignorantes, desempleados y vagabundos, la mayoría de la gente pensaría que los costes morales y políticos de la libertad personal absoluta son demasiado excesivos. Asegurar a todos un mínimo nivel de vida sería más humano, y podría incluso invalidar las predicciones de Marx sobre la inevitabilidad de la revolución. La justicia económica podría ser buena para los ricos, así como para los pobres.

El experimento mental de Rawls

El libro de Nozick fue, en parte, una respuesta libertaria de derechas a *Una teoría de la justicia* (1971) de **John Rawls** (1921-2002), que cambió drásticamente el programa de la filosofía política contemporánea. Rawls reintrodujo el «contractualismo» como un aparato conceptual útil, no solo para justificar la autoridad política, sino para argumentar a favor de una forma limitada de justicia económica.

El filósofo alemán **Immanuel Kant** (1724-1804) pensaba que los contratos acordados universalmente podrían ser un tipo de «brújula moral»…

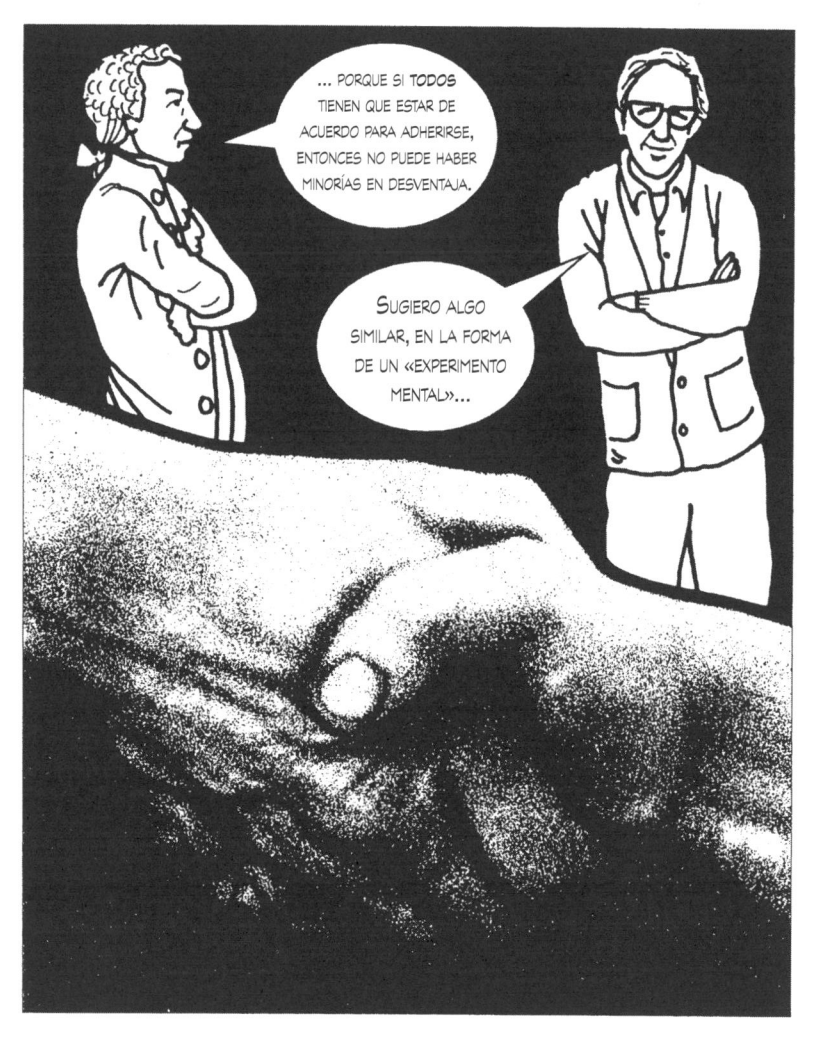

Tienes que imaginar que estás en una «posición original» hipotética (algo similar al «estado de naturaleza».

También estás cubierto por «un velo de ignorancia», con lo que no sabes nada sobre tu lugar en la sociedad, género, opiniones religiosas, creencias morales, ideologías políticas o filosóficas.

Esto te convierte claramente a ti, y a todos los demás, en individuos racionales y morales con actitudes bastante cerca del promedio hacia el riesgo, la justicia social y la benevolencia.

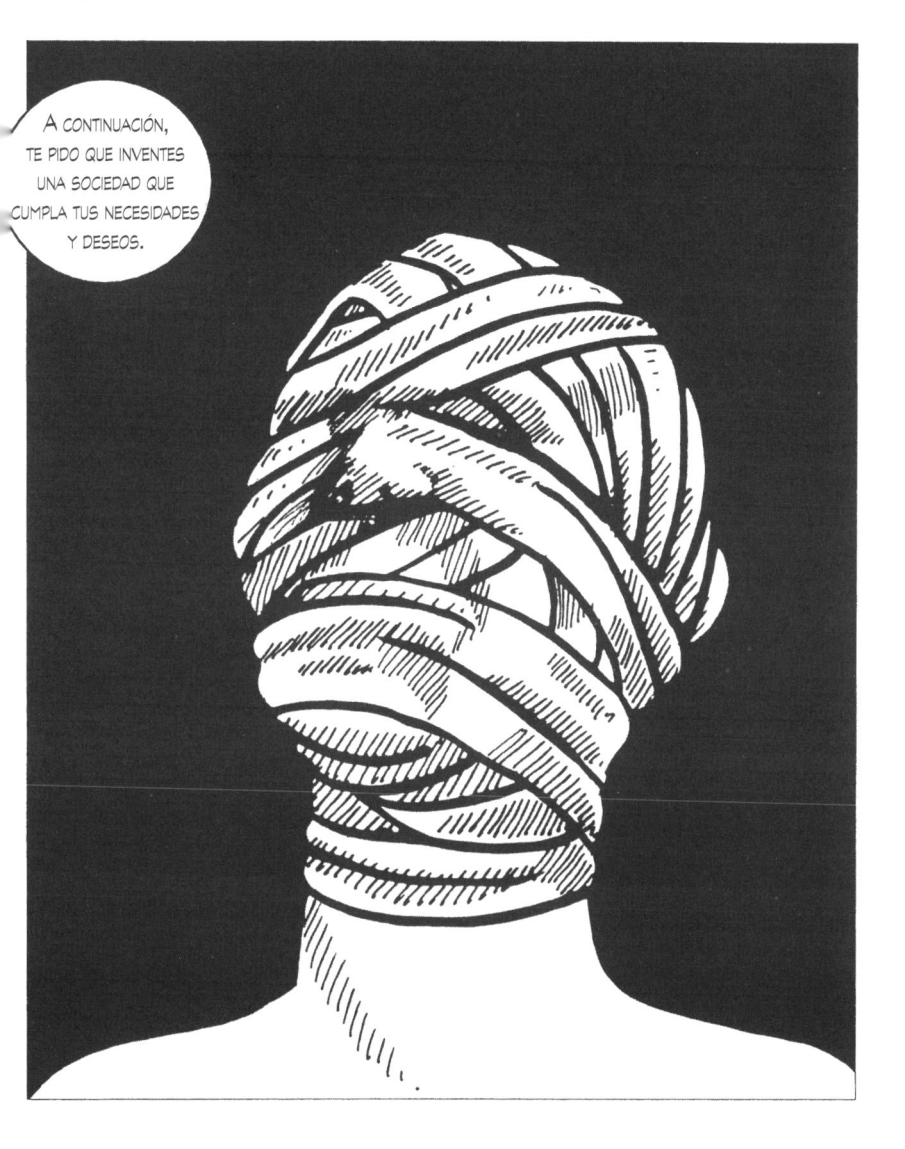

La sociedad rawlsiana

Rawls mantiene que prácticamente todos querrían vivir en una sociedad en la que las libertades individuales fueran respetadas y donde la justicia fuera universal y pública.

Y DEBIDO AL «VELO DE IGNORANCIA», CREO QUE TODOS TOMARÍAN DECISIONES PREDECIBLES SOBRE LA JUSTICIA DISTRIBUTIVA.

PODRÍA ACABAR SIENDO EL MIEMBRO CON MENOS VENTAJAS DE ESTA SOCIEDAD HIPOTÉTICA, CON LO QUE LO MEJOR PARA MÍ SERÍA INSISTIR EN UNA RENTA MÍNIMA PARA TODOS.

LA MAYORÍA DE NOSOTROS ACEPTARÍA ALGÚN GRADO DE DESIGUALDAD ECONÓMICA, SI ESO PRODUCE UNA «TARTA» ECONÓMICA MAYOR...

ALGO QUE FUERA VENTAJOSO PARA TODOS.

Rawls concluye que todos los individuos racionales preferirían sociedades que participaran de alguna forma de redistribución de la riqueza. Este hecho debería ser considerado por los gobiernos reales cuando elaboran su política interior. Pero si cada individuo racional decide sobre la base de que él o ella podrían ser «cualquier persona», entonces es difícil ver cómo podría ser este un «contrato» con todos los demás.

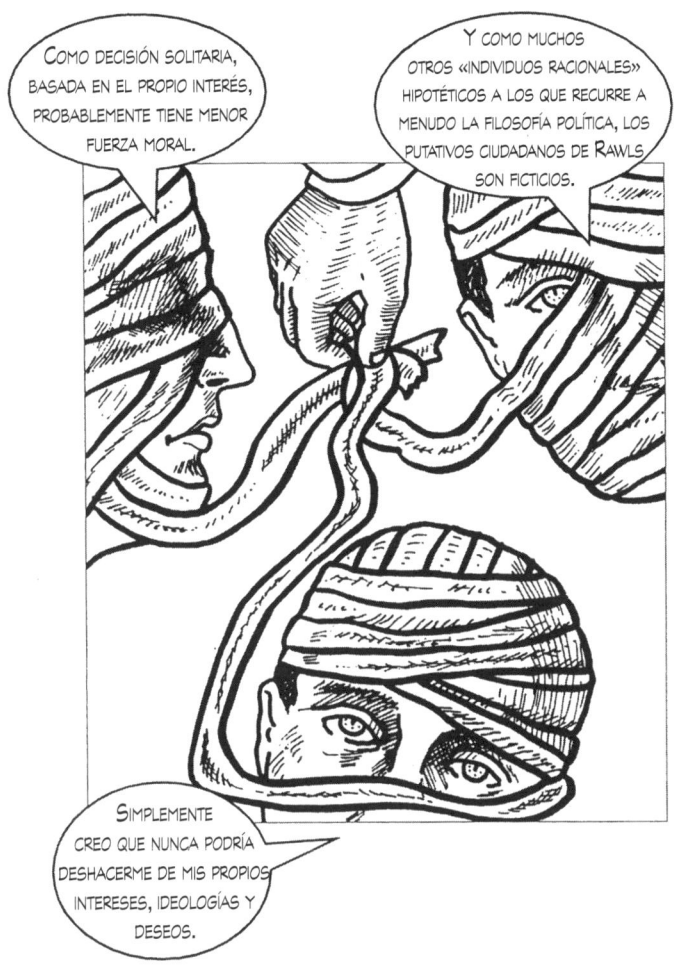

> COMO DECISIÓN SOLITARIA, BASADA EN EL PROPIO INTERÉS, PROBABLEMENTE TIENE MENOR FUERZA MORAL.

> Y COMO MUCHOS OTROS «INDIVIDUOS RACIONALES» HIPOTÉTICOS A LOS QUE RECURRE A MENUDO LA FILOSOFÍA POLÍTICA, LOS PUTATIVOS CIUDADANOS DE RAWLS SON FICTICIOS.

> SIMPLEMENTE CREO QUE NUNCA PODRÍA DESHACERME DE MIS PROPIOS INTERESES, IDEOLOGÍAS Y DESEOS.

Los libertarios de derechas de Nozick probablemente votarían, aun así, por una sociedad que premiase el esfuerzo individual y la autosuficiencia. Estarían preparados para aceptar el riesgo de la pobreza, a cambio de altas recompensas y ninguna interferencia del Estado. ¿Les convierte esta decisión de alguna manera en «irracionales»?

Estados totalitarios

Innumerables ciudadanos del siglo XX han tenido que soportar regímenes políticos totalitarios especialmente desagradables, tanto fascistas como comunistas. Algunos filósofos políticos mantienen que las raíces de todas estas «sociedades cerradas» ya están presentes en las filosofías de Platón, Hegel y Marx. Pero los actuales estados «comunistas» modernos tienen poca relación con los ideales teóricos de Marx.

> CONCEBÍ UNA SOCIEDAD DE IGUALES SIN ESTADO, LIBRE DE LAS CARGAS DE LA PROPIEDAD O LA AUTORIDAD, A LA QUE SE LLEGA TRAS UN BREVE PERIODO DE «DICTADURA DEL PROLETARIADO».

PERO LOS PAÍSES COMUNISTAS EN REALIDAD HAN HECHO PERMANENTE ESTA FASE INTERMEDIA.

LA PROPIEDAD ES DEL ESTADO, Y LAS ECONOMÍAS FUERON PLANIFICADAS POR EL ESTADO.

LOS PARTIDOS COMUNISTAS PECABAN DE ELITISMO, GOBERNABAN ANTIDEMOCRÁTICAMENTE Y PERMITÍAN ESCASA LIBERTAD DE EXPRESIÓN.

A pesar de su a menudo genuino compromiso con la igualdad económica y el bienestar social, cuando los regímenes comunistas de la URSS y la Europa del Este colapsaron, sus ciudadanos lo celebraron.

Entonces ¿de dónde vienen los estados totalitarios y cómo podrían evitarse en el futuro? Los filósofos han propuesto explicaciones tanto sociales, como «psicológicas».

El fascismo fue abrazado por individuos «inauténticos» preocupados por sí mismos y que buscaban una identidad de grupo reconfortante.

Muchos individuos poseen «personalidades autoritarias» lo que les hace experimentar sentimientos agresivos hacia minorías.

Las actitudes autoritarias son una «huida» de una libertad personal excesiva que muchos individuos modernos encuentran amenazante.

A la gente le gusta que le digan lo que tiene que pensar.

El psicoanalista Erich Fromm (1900-1980).

Jean-Paul Sartre (1905-1980). El marxista T. W. Adorno (1903-1969). El psicoanalista Wilhelm Reich (1897-1957).

¿Son culpables los filósofos?

El filósofo de la ciencia **Karl Popper** (1902-1994) argumentó que las semillas de las sociedades represoras las plantaron los propios filósofos políticos: Platón, Rousseau, Hegel y Marx. Las sociedades totalitarias tienden a ser teleológicas y utópicas. Los utopistas tienden a ser dogmáticos en lo que concierne a los fines y despreocupados por lo que toca a los medios, con un respeto insano por la uniformidad y una aversión a la variedad humana.

> Los defensores de sociedades «modelo» no tienen idea de cómo funcionarán en la práctica sus ideas visionarias, y normalmente son implacables contra aquellos que se les oponen.

> No nos puedes culpar por el uso abusivo y criminal de nuestras ideas...

Ya hemos visto cómo aquellos que se oponen al gobierno perfecto del partido único, como el de los «guardianes» de Platón o el de la «voluntad general» de Rousseau, no eran tolerados. Y hay, obviamente, muestras de absolutismo y elitismo en sus filosofías políticas. Sin embargo, podrían protestar justificadamente sobre las interpretaciones retrospectivas que se han hecho de sus obras.

¿Es una sociedad pluralista lo mejor?

Los estados totalitarios se basan en una visión pesimista de la naturaleza humana. Los seres humanos son irracionales, irresponsables, y necesitan líderes determinados y conscientes de las necesidades reales de los ciudadanos, independientemente de las preferencias que hayan expresado. Los liberales, por el contrario, creen que no puede haber una sociedad política ideal y, por tanto, ninguna ideología política **absoluta**.

Las sociedades más sanas son pluralistas y toleran una amplia variedad de opiniones políticas diferentes.

La mayoría de los occidentales modernos estarían de acuerdo con ello.

Pero los filósofos radicales como Herbert Marcuse aún defenderían que nuestras propias sociedades capitalistas exhiben características totalitarias.

Nuestras sociedades pueden ser extremadamente intolerantes frente a opiniones que queden al margen del consenso liberal.

Las corporaciones globales pueden parecer tan represivas como cualquier gobierno totalitario.

Los límites de la libertad

¿Qué es la «libertad política» que tanto valoramos? La mayoría de los filósofos políticos da por sentado que poseemos libre albedrío, mientras que también admiten que estamos condicionados a aceptar tipos limitados de opciones políticas. La mayoría de los ciudadanos acepta que la libertad personal absoluta es una ilusión: tenemos que aceptar algún tipo de «libertad colectiva» para funcionar como miembros de grupos y ciudadanos responsables. El pensador liberal **Isaiah Berlin** (1909-1997) sugirió de forma popular que la libertad política puede ser tanto «negativa» como «positiva».

> La libertad negativa significa que tenemos ciertos «derechos» que establecen límites sobre hasta dónde puede interferir el Estado en nuestras vidas.

> La libertad positiva significa que tenemos derecho a tener ciertas oportunidades y elecciones con las que desarrollar nuestro potencial como seres humanos.

Los gobiernos democráticos de derechas tienden a favorecer la idea de la libertad negativa porque un estado que interfiere en la libertad individual reduce la autonomía e iniciativa del individuo. Los gobiernos de izquierdas contrarrestan lo anterior con la creencia de que nadie puede ser totalmente «libre» si se le niega la oportunidad de triunfar en la vida debido a la pobreza y a la falta de educación.

Berlin argumenta que otorgar libertad positiva daña casi inevitablemente a ciertos tipos de libertad «negativa».

> SIEMPRE INSISTIMOS EN QUE «LIBERTAD» SIGNIFICA «OBEDIENCIA» PORQUE EL ESTADO ES LA MANIFESTACIÓN EXTERNA DE LA VOLUNTAD DE CADA INDIVIDUO.

ROUSSEAU   HEGEL   MARCUSE

> POR ESO LO QUE DIGO ES QUE LA LIBERTAD «NEGATIVA» SIEMPRE DEBE TENER PRIORIDAD...

> LOS GOBIERNOS PUEDEN DISFRAZAR MUY FÁCILMENTE LA PÉRDIDA DE LIBERTAD NEGATIVA CON PROMESAS DEL TIPO MÁS POSITIVO.

> PASAS POR ALTO QUE LA MAYORÍA DE LA GENTE SUFRE DE «FALSA CONCIENCIA» Y QUE SON MUCHO MENOS LIBRES DE LO QUE CREEN.

Marcuse, un marxista posmoderno, impulsó la idea de que somos los esclavos felices del capitalismo, a los que se les niega cualquier libertad real de protesta porque nuestra democracia «unidimensional» está diseñada para excluir todas las nuevas formas de pensamiento radical.

¿Por qué debemos obedecer?

Los utilitaristas como Bentham y Mill justifican nuestra obediencia al Estado simplemente porque nos es provechoso. El Estado nos proporciona seguridad, permite la aplicación imparcial de la ley que, a su vez, nos otorga libertad. La existencia de los estados fomenta también indirectamente la creación de riqueza, que puede ser entonces usada para el bienestar público. Rousseau y Hegel mantenían que es falso pensar en los ciudadanos y el Estado como entidades separadas.

> El Estado existe porque está constituido por los aspectos racionales y morales de los ciudadanos, como opuestos a sus deseos privados, irracionales y egoístas.

> Obedecer al Estado es, por lo tanto, obedecer los impulsos de nuestras mejores naturalezas.

> Todos los anarquistas, y yo también, creemos que el Estado no tiene en absoluto justificación moral para su existencia.

> Ninguno de nosotros tiene, por lo tanto, ninguna obligación moral hacia él.

Sin embargo, a pesar de todo lo que puedan decir, los filósofos políticos nunca podrán «demostrar» concluyentemente que tienen razón.

Aristotélicos comunitarios

Los liberales están de acuerdo en que no es función del Estado imponer sus propias opiniones «teleológicas» a millones de individuos desconocidos, todos ellos persiguiendo sus propias variedades de realización personal. Pero, recientemente, los filósofos de la «virtud» como el «aristotélico» **Alasdair MacIntyre** (nacido en 1929) han puesto en duda este saber central de la ideología liberal.

Los seres humanos no son simplemente individuos socialmente desconectados y desencarnados con «derechos». También necesitan una comunidad que funcione bien para, así, «florecer».

Los seres humanos se relacionan unos con otros de formas colectivas que no son exclusivamente económicas.

La libertad económica individual puede ser importante, pero no es el único valor moral y político...

Especialmente cuando tiene el indeseable efecto secundario de empobrecimiento y desorden político.

Pero las sociedades pluralistas modernas ya no tienen tradiciones, costumbres o creencias religiosas universales, con lo que se hace muy difícil determinar exactamente qué entraña realmente la «vida comunitaria».

Los liberales dirían que no es la función de un Estado paternalista fomentar la «vida comunitaria» porque esto haría ampliar su poder considerablemente: y del poder extenso del Estado siempre se abusa.

Política posmoderna

El principal texto político posmoderno sigue siendo *La condición posmoderna* (1979) de **Jean-François Lyotard** (1924-1998). Anunció el colapso de las «grandes narrativas» como la de la Ilustración, que creía inocentemente en la posibilidad de un progreso político absoluto, y del marxismo, que no logró imponer su diseño teórico y determinista sobre los impredecibles seres humanos. Los posmodernos se deleitan exponiendo la dependencia de las filosofías políticas occidentales de teorías «totalizadoras» que imponen el «orden» y apoyan el monopolio de la fuerza «legítima» del Estado. Los posmodernos deconstruyen las «verdades absolutas» de la filosofía política para revelar cómo siempre son relativas.

> Las palabras como «legitimidad» y «obligación» siempre dependen, para que tengan sentido en el discurso político, de la presencia inesperada de anarquistas, rebeldes y criminales.

> Si el Estado llagase a alcanzar todas sus metas, dejaría de existir.

Lyotard finaliza su ensayo recomendando un conjunto más diverso de «pequeñas narrativas políticas», pero es enormemente vago sobre qué tipo de instituciones podrían ser necesarias para arbitrar entre diferentes «narrativas».

Conocimiento y poder

Michel Foucault (1926-1984) fue otro filósofo posmoderno que desafió la idea de la historia como una narrativa de racionalidad y progreso continuos. Subrayó que el conocimiento y el poder están siempre relacionados. Cada sociedad tiene sus «políticas generales» de la verdad: los tipos de discurso que acepta e impone como conocimiento aceptable.

> El Estado moderno raramente tiene que recurrir a algún despliegue abierto de fuerza porque sus ciudadanos ya son «súbditos» altamente disciplinados con una vida interior que es solo marginalmente propia.

> Las filosofías políticas basadas en cualquier teoría de la naturaleza humana son falsedades ideológicas porque no hay un «verdadero» paradigma humano.

> Nada en el hombre, ni siquiera su cuerpo, es suficientemente estable como para servir de base al autorreconocimiento o para comprender a los demás hombres.

El Estado es una abstracción mítica cuya importancia es mucho más limitada de lo que muchos pudiéramos pensar. Sucede así porque el poder (y todas las luchas para obtenerlo o escapar de él) es una característica ineludible de todas las relaciones sociales. El Estado es meramente un reflejo bastante abstracto de este hecho.

Política medioambiental

La filosofía política no trata solamente del derecho del Estado a existir. La política medioambiental tiene ahora un interés primordial para la mayoría de nosotros. La gente quiere conservar los recursos de la Tierra, proteger su entorno local, usar tecnologías apropiadas y valorar lo que queda de la naturaleza salvaje. La ideología política y económica del liberalismo clásico con su defensa del interés propio tiene, sin duda, mucha culpa del agotamiento de los recursos mundiales y de la reducción de la calidad de vida de muchos ciudadanos de Occidente.

Los gobiernos democráticos modernos tienen que tomar constantemente decisiones del tipo «coste-beneficio» respecto de qué niveles de contaminación son «aceptables». Pueden usar diferentes formas de tributación punitiva para asegurar que algunas actividades económicas dejan de ser rentables.

Pero la mayoría de los problemas medioambientales serios (como el calentamiento global y la reducción de la capa de ozono) solo se pueden afrontar mediante acuerdos entre naciones.

Pero todas ellas tienen diferentes intereses que defender y agendas que implementar.

La economía capitalista necesita cambiar claramente hacia la sostenibilidad y estabilidad ambiental.

Y los políticos tienen que reflexionar sobre cómo se puede lograr.

Se necesita inventar un nuevo tipo de filosofía «holista» que sea más comunitaria y consciente del hecho de que nosotros, «animales políticos» somos solo una parte de este planeta y no sus amos.

Política feminista

El movimiento feminista es él mismo una ramificación del ideal político ilustrado de la igualdad. **Mary Wollstonecraft** (1759-1797) fue la primera entre muchas feministas en defender el movimiento en favor de la igualdad.

> Las mujeres son, de forma autoevidente, tan racionales como los hombres, y merecemos un estatus político idéntico.

> Las mujeres han luchado también por una libertad negativa frente a la tiranía doméstica y la violencia...

> ... y por las libertades positivas de educación y guardería.

Pero muchas feministas mantienen ahora que la «igualdad» está siempre definida por normas «universales» que siguen siendo esencialmente masculinas.

> Tratar a las mujeres «equitativamente» a menudo significa tratarlas injustamente.

> La fisiología masculina es la que define el deporte, las necesidades sanitarias, las trayectorias profesionales y la ciudadanía.

> Y con muy pocas excepciones, los filósofos políticos siempre han pensado que los «ciudadanos» son esencialmente varones.

Los ciudadanos atenienses varones solo podían participar en sus vidas democráticas por la existencia de ejércitos de mujeres y esclavos privados del derecho al voto. Incluso filósofos políticos recientes como John Rawls aún se aferran a la extraña idea de que los observadores racionales ideales pueden, de alguna manera, descartar su género como si fuera una pieza de «ropa».

Consumidores y ciudadanos

Nuestras sociedades capitalistas posmodernas están todavía dominadas por una ideología liberal que cree que la libertad está mejor garantizada por un capitalismo global de libre mercado con una interferencia estatal mínima. La mayoría de los occidentales ya hemos internalizado el capitalismo, con lo que hemos llegado a pensar en nosotros mismos más como consumidores que como ciudadanos.

> El capitalismo asegura que no es la gente la que manda, sino sus deseos manufacturados.

> Pero incluso esta «gran narrativa» no puede continuar por siempre...

> El crecimiento capitalista se verá finalmente comprometido por los recursos finitos del planeta, o incluso por una revolución de los trabajadores.

JÜRGEN HABERMAS

> El posmoderno reticente Jürgen Habermas (nacido en 1929) prevé que los gobiernos occidentales se enfrentarán cada vez más a una «crisis de legitimación».

> Los gobiernos no pueden satisfacer las demandas del capitalismo global y, por ende, evitar las crisis sociales que causa el propio capitalismo.

Las sociedades democráticas sanas están cohesionadas por un consenso moral basado en los valores precapitalistas de confianza y apoyo mutuo, mientras que el capitalismo está motivado por el interés propio y la competencia. Es difícil ver cómo se podría llegar a cuadrar este círculo.

Democracia por elección

Al final, todas las teorías son intentos de describir y explicar la realidad, pero las teorías políticas son diferentes de las científicas en el sentido de que son imposibles de verificar concluyentemente. Esto es así porque, en última instancia, son teorías sobre quiénes somos o cómo debemos vivir juntos. Esta es la razón por la que existen tantos tipos diferentes de filosofía política. Algunos filósofos creen en la posibilidad de respuestas racionales objetivas para los problemas políticos basadas en un conocimiento de las necesidades, metas, propósitos y relaciones fundamentales humanas. Otros insisten en que este tipo de conocimiento es imposible a la vista de las preferencias y deseos individuales totalmente impredecibles. Gran parte de la filosofía política puede, al final, resultar inevitablemente subjetiva: meras expresiones de preferencias personales bien fundamentadas. Pero eso no quiere decir que algunas teorías no puedan ser más productivas que otras para ayudarnos a cambiar cómo nos vemos a nosotros mismos y a nuestras sociedades políticas. Pero probablemente **tengamos** que aceptar que el Estado moderno, con toda su tecnología de vigilancia y militar, es ahora virtualmente indiscutible y solo es «democrático» en un sentido muy limitado. La «política» tendrá que cambiar profundamente si los ciudadanos quieren recuperar algún poder real. Los individuos adultos maduros pueden eventualmente decidir que ignoran a los estados nación modernos, enormes e impersonales, y decidir, en su lugar, reunirse en pequeñas asambleas cara a cara para discutir aquellas políticas y prácticas que determinan sus vidas diarias.

PERO ESTE TIPO DE DEMOCRACIA DIRECTA SUENA VAGAMENTE FAMILIAR, ASÍ COMO MUY ANTIGUA...

LO QUE MUESTRA POR QUÉ ESTUDIAR FILOSOFÍA POLÍTICA NUNCA ES REALMENTE UNA PÉRDIDA DE TIEMPO.

Para seguir leyendo

Todos los libros mencionados aquí están disponibles en versión de bolsillo. La mayoría de ellos son muy legibles, a pesar de que nadie ha descrito nunca a Hegel como «accesible».

Theodor Adorno et al., *The Authoritarian Personality* (Harper and Bros., 1950) traducido en *Escritos sociológicos II, 1* (Akal, 2009).
Santo Tomás de Aquino, *Selected Political Writings* (Blackwell, 1959).
Aristóteles, *Ética a Nicómaco* (Alianza, 2014) y *Política* (Alianza, 2015).
San Agustín, *La ciudad de Dios* (Tecnos, 2010).
S. Bentham y J.S. Mill, *Utilitarianism and Other Essays* (Penguin, 1987).
Edmund Burke, *Reflexiones sobre la Revolución en Francia* (Alianza, 2016).
Francis Fukuyama, *El fin de la Historia y el último hombre* (Planeta, 1992).
Antonio Gramsci, *Gramsci's Writings on the State and Hegemony* 1916-35 (University of Birmingham Press, 1997).
G.W.F. Hegel, *The Philosophy of Right* (Great Books in Philosophy, 1996)
Thomas Hobbes, *Leviatán* (Alianza, 2018).
John Locke, *Dos Tratados sobre el Gobierno y otros escritos* (Biblioteca Nueva, 2015).
Jean-François Lyotard, *La condición postmoderna* (Cátedra, 2006).
Niccolo Machiavelli, *El príncipe* (Alianza, 2010).
Herbert Marcuse, *El hombre unidimensional* (Ariel, 2010).
Karl Marx, *El Capital* (Abreviado) (Alianza, 2010); Marx y Friedrich Engels, *La ideología alemana* (Akal, 2014) y *El manifiesto comunista* (Nórdica, 2012).
John Stuart Mill, *Sobre la libertad* (Tecnos, 2008).
Robert Nozick, *Anarquía, Estado y Utopía* (Innisfree, 2015).
Thomas Paine, *Los derechos del hombre* (Debate, 2016).
Platón, *La república* (Alianza, 2005).
John Rawls, *Teoría de la justicia* (Fondo de Cultura Económica, 1995).
Jean Jacques Rousseau, *El contrato social* (Istmo, 2004).
Mary Wollstonecraft, *Vindicación de los derechos de la mujer* (Istmo, 2005).

La serie Guía ilustrada también tiene guías de Platón, Aristóteles, Rousseau, Hegel, Marx y Foucault, y otros títulos sobre filosofía que son útiles.

Dos libros generales cortos y legibles sobre filosofía política son *From Plato to Nato* (BBC Books, 1988) de Brian Redhead, y *Filosofía política: una introducción* (Ariel, 2001) de Jonathan Wolff.

Man and society de John Plamenatz (Longman, 1963) es una introducción bastante más académica a todos los filósofos políticos modernos desde Maquiavelo hasta Marx. Plamenatz describe y analiza sus obras con considerable claridad. *El uso de ideas políticas* de Barbara Goodwin (Península, 1997) es una guía muy útil de todas las principales ideologías políticas.

A History of Political Thought de John Morrow (New York University Press, 1998) presenta un enfoque interesante del pensamiento político. Y otros dos libros útiles para aquellos que deseen descubrir más cosas son *Theories of the State*, de Andrew Vincent (Blackwell, 1987), y *Modern Political Thought* de Raymond Plant (Blackwell, 1991).

La *Enciclopedia del pensamiento político* de David Miller (Alianza, 1989) proporciona una visión general sobre temas como «obligación» y «consentimiento», así como guías breves sobre todos los escritores más importantes. Otros trabajos de referencia útiles son *The Penguin Dictionary of Politics* (1993) y *A Dictionary of Political Thought* (Macmillan, 1983).

A Companion to Comtemporary Political Philosophy (Blackwell, 1995) contiene ensayos de muchos filósofos de la política contemporáneos sobre una gran variedad de temas. *The Politics of Postmodernity* (Cambridge University Press, 1998) es otra colección relativamente reciente de ensayos que merece la pena leer.

Karl Popper argumenta contra los constructores de sistemas como Platón, Rousseau, Hegel y Marx en *La sociedad abierta y sus enemigos* (Paidós, 2010). *El futuro. Viaje a través de la utopía* de Marie Louise Berneri (Hacer, 1984) revela el aspecto autoritario de los utópicos. *Las raíces del anarquismo* de Peter Marshall (La Neurosis o Las Barricadas, 2016) ofrece una saludable crítica a argumentos en favor del Estado.

Sobre el autor y el artista

Dave Robinson ha enseñado filosofía durante muchos años. Es el autor de otros libros de la serie «guía ilustrada», incluyendo los dedicados a Platón y Rousseau. Sus amigos más radicales creen que es un «anarquista de sillón» inofensivo.

Judy Groves ha ilustrado muchos libros de la serie «Guía ilustrada», entre los que se incluyen *Wittgenstein*, *Filosofía*, *Platón*, *Aristóteles* y *Bertrand Russell*.

Agradecimientos

El autor querría darle las gracias a su infatigable editor, Richard Appignanesi, que siempre sabe cómo convertir los manuscritos desorganizados en libros legibles. También está agradecido por las ilustraciones y sutiles alteraciones de énfasis proporcionadas por su colega artístico. También le gustaría dar las gracias a todos sus amigos por ser eternamente impaciente con sus poco reflexivas opiniones políticas, que son, por supuesto, siempre infaliblemente correctas.

Al artista le gustaría darle las gracias a Oscar Zárate por las ilustraciones de las páginas 28, 35, 38, 95, 100, 148 y 158. También agradece a David King el préstamo de fotografías de su colección.

Índice de nombres y conceptos

Adorno, Theodor, 134
Agustín, 49
Alejandro Magno 46
anarquistas, 44, 46, 103-5
Antístenes, 48
Aquino, Santo Tomás de, 50-1, 61
Aristóteles, 29-34, 45, 112
asamblea, legislativa, 89
Atenas, 17-20, 106

Bakunin, Mikhail, 103, 104
Bentham, Jeremy, 144-7
Berlin, Isaiah, 170-1
Burke, Edmund, 118-120

capitalismo, 124-7, 133, 147, 180
ciencia del hombre, 57
ciudadanía, 18, 179, 180
ciudades-Estado, 52
clase, 98, 131
comunismo, 128-9, 166
conciencia, 151
conocimiento, 26, 175
consciencia, 112-3, 116
   falsa, 127, 171
consentir, 81-2
consecuencias, 148
conservadurismo, 118-9
constitución, 110, 141
consumidores, 180
contractualismo, 162

democracia, 19, 28, 102, 153-4, 181
derechos
   humanos, 121, 156
   naturales, 119, 121, 146
desigualdad, derecho de, 71
determinismo, económico, 123
dualismo cristiano, 48
dialéctica, la, 113-4
Diógenes, 48
distribución, 143, 157-9, 164-5

egoístas, psicológicos, 58
esencialismo, 36
Estado
   todopoderoso, 111
   colectivista, 92-3
   definición, 14
   mínimo, 160
   orgánico, 109
   estado de naturaleza, 59, 61, 72, 83, 85, 163
   estados totalitarios, 166-9
   evolución, 38-40

fascismo, 166, 167
felicidad, 145, 147, 155, 157
feminismo, 178-9
filosofía, orígenes de, 20
«formas», 24-5
Foucault, Michel, 175
Fourier, Charles, 100, 130
Fukuyama, Francis, 137

Génova, 83, 94
Glaucón, 22
Godwin, William, 103
gobierno, 75-7, 80
   de expertos, 25
Gramsci, Antonio, 136
Grecia, antigua, 16

Habermas, Jürgen, 180
Hegel, G.W.F., 118, 122, 168
hegemonía, 136
Hobbes, Thomas, 56-66
Hume, David. 82, 45

ideologías, 35, 127, 134, 136, 169
igualdad, 3, 157
   de oportunidades, 140, 159
imperialismo, 46
individuos, 12, 19
intereses de la minoría, 156

justicia, económica, 140, 161-5

Kant, Immanuel, 162
Kropotkin, Peter, 39, 103, 104

ley
   natural, 51, 72, 73, 146
   gobierno de, 79
liberalismo, 138-143
libertad, 88, 170-1
   racional, 114

189

Locke, John, 67-81, 108, 124
Lyotard, Jean-François, 174

Maquiavelo, Niccolò, 53-5
MacIntyre, Alasdair, 173
Marcuse, H., 134-5, 169, 172
Marx, Karl, 122-133, 166, 168
mercado, 139, 143
Milgram, Stanley, 167
Mill, J.S., 151-4, 161
monarquía, absoluta, 64, 74
moral, ciencia de la, 146
moralidad de Estado, 54, 95
mujeres, 33, 154, 178-9

naturaleza humana, 30, 34, 66
Nave del Estado, 154
Nave de los locos, 27
Nozick, Robert, 158-162, 165

Owen, Robert, 101-2

Paine, Thomas, 120-1
Platón, 21, 23-9, 154, 168
pluralismo, 169
poder, 79, 175
poder soberano, 64-5
política como ética, 93
política medioambiental, 176-7
Popper, Karl, 168
posmodernismo, 174
prejuicio, 118

propiedad, 70, 80,86, 158
Proudhon, Pierre, 103, 104

Rawls, John, 162-5, 179
razón, pragmática, 31
Renacimiento, 52
Revolución francesa, 96-7, 118
Ricardo, David, 124, 126
Rousseau, Jean Jacques, 83-95, 124, 168

Saint-Simon, C. H., 83-95, 124, 168
Sartre, Jean-Paul, 37
Smith, Adam, 124, 139
socialismo, 98-9, 101
sociedad, 12-4, 73
sin Estado, 132
Sócrates, 21, 23, 27
sofistas, 21
sufragio, 80, 141

teleología, 29, 173
teoría de juegos, 41, 44
trabajo, solidificado, 126, 158

utilitarismo, 144-57

velo de ignorancia, 163, 164
vendettas, 72
voluntad, general, 90, 91, 93

Wollstonecraft, Mary, 178